Futh

Rationalisierung der Datenverarbeitung
Band VII

Dipl.-Kfm. Horst Futh

Rationalisierung der Datenverarbeitung

Band VII

Datenschutz und Datensicherung

Begriffe – Bundes-Datenschutzgesetz – Risiken – Maßnahmen – Kosten – Überwachung – Realisierung

Mit 11 Abbildungen, 8 Formularen und einem Maßnahmenkatalog

R. Oldenbourg Verlag
München Wien 1977

CIP-Kurztitelaufnahme der Deutschen Bibliothek

Futh, Horst
Rationalisierung der Datenverarbeitung. –
München, Wien : Oldenbourg.

Bd. 7. Datenschutz und Datensicherung : Begriffe, Bundes-Datenschutzgesetz, Risiken, Maßnahmen, Kosten, Überwachung, Realisierung. – 1. Aufl. – 1977.
ISBN 3-486-20381-9

Gesamtherstellung: R. Oldenbourg Graphische Betriebe GmbH, München

ISBN 3-486-20381-9

Inhalt

Vorwort zur Gesamtausgabe

Alle mit der Datenverarbeitung zusammenhängenden Fragen sind heute aktueller denn je. Nicht nur, daß die Anzahl der installierten EDV-Anlagen von Jahr zu Jahr wächst und immer mehr Anwendungsgebiete auf die EDV umgestellt werden, auch die EDV-Probleme haben erheblich zugenommen. Während in den 60er Jahren die maschinelle Abwicklung von Massen- und Routinearbeiten im Vordergrund stand, werden heute Lösungen für Dispositions- und Informationssysteme, für den Einsatz von Dialoggeräten und für den Aufbau von Datenbanken gesucht. Diese Entwicklung stellt neue Fragen und verlangt ein Abweichen von eingefahrenen Wegen. Hinzu kommt, daß die Unternehmen heute aus wirtschaftlichen Gründen gezwungen sind, in der EDV rationellere Verfahren und Techniken einzusetzen: Mehr Planung und Überwachung, der Einsatz normierter Organisations- und Programmierungstechniken und die Einführung von Kostenbudgets und Wirtschaftlichkeitsrechnungen werden bald zum Maßnahmenkatalog jeder EDV-Abteilung gehören.

Dem Wandel in der EDV und den Anforderungen, die künftig an die EDV-Mitarbeiter, aber auch an die Geschäftsleitungen und Mitarbeiter in den Fachabteilungen gestellt werden, will diese Buchreihe Rechnung tragen. Sie erstreckt sich auf das Gesamtgebiet der EDV-Technik und wird nur dort eingeschränkt, wo sich die EDV-Aktivitäten auf herstellerbezogene Hardware- und Softwaretechniken beziehen.

Die neue Buchreihe umfaßt folgende Bände:

Band I	Grundlagen der EDV - Hardware, Software, Orgware -
Band II	Planung und Einrichtung von EDV-Abteilungen - Aufgaben- und Datenanalyse, Gesamtsystem, Hardware- und Softwareauswahl, Wirtschaftlichkeitsanalyse, Gesamtplanung, organisatorischer, personeller und räumlicher Aufbau der EDV-Abteilung -
Band III	Entwicklung und Einführung von EDV-Systemen - Voruntersuchung, Projektsteuerung, Projektrealisierung, Änderungsdienst -
Band IV	Rechenzentrumsorganisation - Arbeitsplanung und Ablaufvorbereitung, Datenerfassung und Datenverarbeitung, Kontrolle und Abstimmung -
Band V	EDV-Systemrevision - Revision der Projektumstellung, Revision der RZ-Abwicklung, Revision projektunabhängiger Bereiche -
Band VI	EDV-Personalführung - EDV-Personalorganisation, EDV-Personalplanung, EDV-Personalmanagement -
Band VII	Datenschutz und Datensicherung - Begriffe, Bundes-Datenschutzgesetz, Risiken, Maßnahmen, Kosten, Überwachung, Realisierung -
Band VIII	Die EDV in den Griff bekommen - EDV für Führungskräfte -

Januar 1977 Horst Futh

Vorwort zu Band VII

Alle Datenbestände, aber auch die Programme und die EDV-Einrichtungen selbst, sind fortwährend zahlreichen Gefahren und Risiken ausgesetzt: Katastrophen, Verlust, Zerstörung, Beschädigung, Verfälschung und Mißbrauch können zu teilweise beträchtlichen Schäden führen und sowohl den Betriebsablauf der EDV stören als auch in Einzelfällen die Existenz des Unternehmens gefährden.

Naturgemäß sind es im EDV-Tagesbetrieb aber nicht die großen Katastrophen, die den Schutz der Daten und die Sicherheit der Datenverarbeitung bedrohen (auch wenn sie nicht völlig auszuschließen sind). Terroristische Anschläge und der vorsätzliche Mißbrauch der Datenverarbeitung gehören ebenfalls nicht zu den Gefahren, mit denen tagein und tagaus zu rechnen ist. Zu den Hauptsorgen des Datenverarbeiters gehören vielmehr diejenigen Risiken, die zu Verlust, Zerstörung und Beschädigung von Datenbeständen und Programmen führen und denen mit einem Höchstmaß an Sicherheitsvorkehrungen entgegengewirkt werden muß, um Störungen und Ausfälle auf ein Mindestmaß zu reduzieren.

Generell läßt sich feststellen, daß den Fragen von Datenschutz und Datensicherung heute ein weitaus höherer Stellenwert als früher zukommt, weil

- bei EDV-Teilnehmersystemen mit höheren Risiken gerechnet werden muß (während die Risiken beim konventionellen Teilhaberbetrieb überschaubar und kalkulierbar waren)

- das Sicherheitsbedürfnis der Unternehmen ganz allgemein steigt und

- neue Gesetze, insbesondere das Bundes-Datenschutzgesetz, stärkere Schutzmaßnahmen fordern.

Die vorliegende Arbeit hat sich zwei Ziele gesetzt: Zum einen will sie eine Übersicht über den vielschichtigen Komplex von Datenschutz und Datensicherung bringen und zum anderen den Praktikern in Organisation, Datenverarbeitung und Revision sowie dem Datenschutzbeauftragten Verfahrenstechniken und Hilfsmittel in die Hand geben, deren sie zur Entwicklung, Realisierung und Überwachung von Datenschutz und Datensicherung bedürfen. Die neuen Vorschriften des Bundes-Datenschutzgesetzes (BDSG) wurden voll in diese Arbeit einbezogen.

Januar 1977 Horst Futh

1. Einführung

Bei dem Gesamtkomplex von Datenschutz und Datensicherung handelt es sich um ein vielschichtiges Problem, das noch dadurch erschwert wird, daß es sowohl unter juristischen als auch betrieblichen und technischen Aspekten betrachtet werden muß.

Insgesamt läßt sich das Thema durch die zehn folgenden Fragen umreißen:

1. Was versteht man unter den Begriffen Datenschutz und Datensicherung?

2. Warum und wozu sind Datenschutz und Datensicherung notwendig?

3. Welche Objekte müssen im einzelnen geschützt und gesichert werden?

4. Welche Risiken sind mit der Datenverarbeitung verbunden, und welche Wirkungen haben diese Risiken?

5. Welche Anforderungen sind an ein Schutz-/Sicherungssystem zu stellen?

6. Welche Verfahrenstechniken stehen für Datenschutz und Datensicherung zur Verfügung?

7. Welche Schutz-/Sicherungsmaßnahmen sind erforderlich?

8. Was kosten Datenschutz und Datensicherung, und wie lassen sich diese Kosten reduzieren?

9. Wie werden Datenschutz und Datensicherung instutionalisiert und überwacht?

10. Wie geht man bei der Realisierung von Datenschutz und Datensicherung am besten vor?

Bild 1 zeigt noch einmal eine Übersicht über die vielschichtigen Probleme von Datenschutz und Datensicherung.

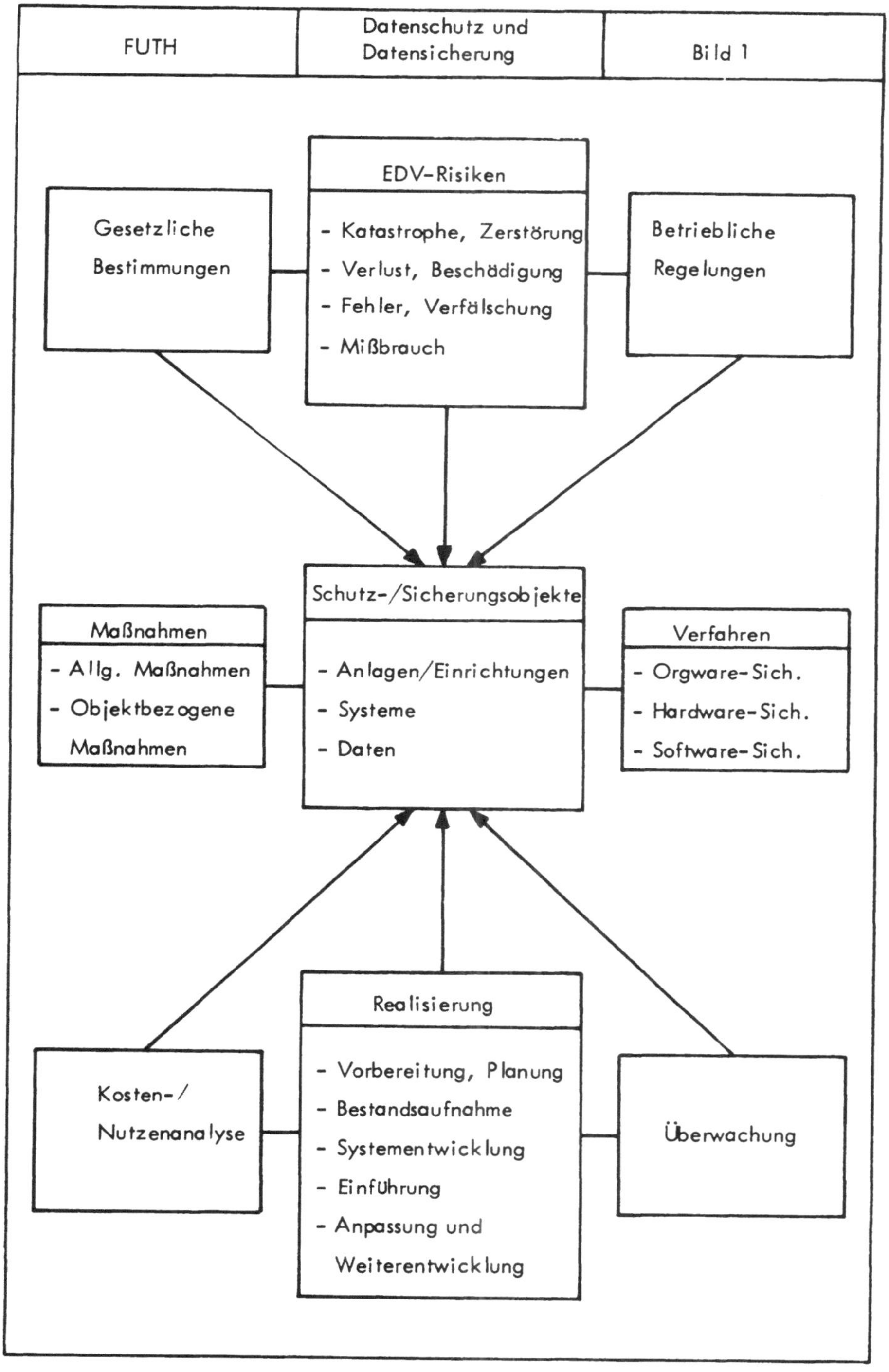
FUTH
Datenschutz und Datensicherung
Bild 1
EDV-Risiken
- Katastrophe, Zerstörung
- Verlust, Beschädigung
- Fehler, Verfälschung
- Mißbrauch
Gesetzliche Bestimmungen
Betriebliche Regelungen
Schutz-/Sicherungsobjekte
- Anlagen/Einrichtungen
- Systeme
- Daten
Maßnahmen
- Allg. Maßnahmen
- Objektbezogene Maßnahmen
Verfahren
- Orgware-Sich.
- Hardware-Sich.
- Software-Sich.
Realisierung
- Vorbereitung, Planung
- Bestandsaufnahme
- Systementwicklung
- Einführung
- Anpassung und Weiterentwicklung
Kosten-/ Nutzenanalyse
Überwachung

2. Grundlagen des Datenschutzes und der Datensicherung

2.1 Begriffe: Datenschutz und Datensicherung

Die Begriffe Datenschutz und Datensicherung werden nicht überall in übereinstimmender Weise verwendet, jedoch zeichnet sich in jüngster Zeit eine einheitliche Tendenz in der Begriffsfassung ab: Während der Begriff Datenschutz mehr die rechtliche Seite des Problems bezeichnet, verwendet man den Begriff Datensicherung zur Kennzeichnung der betrieblich-technischen Fragen, vor allem im Hinblick auf die Realisierung von Datenschutz- und Datensicherungsmaßnahmen.

Nach der überwiegend benutzten Fassung beinhaltet der Begriff "Datenschutz" die Summe aller Vorkehrungen zur Verhinderung des rechtswidrigen Gebrauchs der Datenverarbeitung. Der Datenschutz soll also Schutz vor der Datenverarbeitung bieten und sowohl die Privatsphäre des einzelnen Bürgers (Individualschutz, engl. privacy) als auch die Amts- und Geschäftsgeheimnisse von Staat, Behörden, Parteien und Unternehmen (Organisationsschutz) schützen. Beim Datenschutz handelt es sich um einen juristischen Tatbestand mit Festlegung der Pflichten von Behörden und Unternehmen bzw. der Rechte der Betroffenen. Im engeren Sinne der Begriffsfassung wird unter Datenschutz nur der personenbezogene Datenschutz (entsprechend der Definition des Bundes-Datenschutzgesetzes), im weiteren Sinne zusätzlich der organisationsbezogene Datenschutz verstanden.

Demgegenüber erstreckt sich der Begriff "Datensicherung" auf die Sicherung der Datenverarbeitung selbst. Die Datensicherung umschließt alle organisatorischen, technischen und programmtechnischen Maßnahmen, um die Datenbestände

(Datenträger, Dateien, Datenbanken), Systeme (Arbeitsabläufe, Programme) und Anlagen/Einrichtungen (Gebäude, Räume, EDV-Anlagen, DE-Geräte, DFÜ-Einrichtungen, Stromversorgungs- und Klimaanlagen) der Datenverarbeitung gegen Katastrophen, Fehler und Mißbrauch zu sichern. Die Datensicherung (engl. security) ist also eine organisatorisch-technische Aufgabe zur Sicherung des Gesamtsystems der Datenverarbeitung. Auch hier können wir wieder zwischen einer engeren (Sicherung nur der Daten) und einer weiteren Fassung (Sicherung auch der Systeme und Anlagen/Einrichtungen) unterscheiden. Allerdings hat diese Unterscheidung nur einen theoretischen Gebrauchswert, weil eine wirksame Sicherung der Datenbestände ohne die gleichzeitige Sicherung der Anlagen/Einrichtungen und Systeme der Datenverarbeitung nicht denkbar ist. Bild 2 zeigt noch einmal eine tabellarische Übersicht über die Begriffe und Merkmale von Datenschutz und Datensicherung.

Betrachtet man den Datenschutz und die Datensicherung nicht von ihren Begriffen, sondern von ihrer Verwirklichung her, so läßt sich eine Überschneidung der beiden Teilgebiete feststellen. Während ein Teil der Maßnahmen ausschließlich der Datensicherung <u>oder</u> dem Datenschutz zuzuordnen ist, dienen andere Maßnahmen sowohl der Datensicherung als auch dem Datenschutz. Wenn auch die Begriffe, wie oben ausgeführt, verschiedene Aspekte haben, so müssen Datenschutz und Datensicherung doch durch ein <u>einheitliches Schutz-/Sicherungssystem</u> realisiert werden. Dies gilt umso mehr, als die meisten Sicherungsmaßnahmen auch dem Datenschutz dienen, ja sogar die Verwirklichung des Datenschutzes eine Datensicherung voraussetzt. Allerdings erfordert der Datenschutz Maßnahmen, die zum Teil über die bisherigen Vorkehrungen für die Datensicherung hinausgehen. In Bild 3 ist die Überschneidung der Schutz-/Sicherungsmaßnahmen zur Realisierung von Datenschutz und Datensicherung noch einmal schaubildlich dargestellt.

FUTH		Begriffe: Datenschutz u. Datensicherung		Bild 2
	Datenschutz		Datensicherung	
	im engeren Sinne	im weiteren Sinne	im engeren Sinne	im weiteren Sinne
Wozu?	Schutz personenbezogener Daten vor Mißbrauch	zusätzlich Schutz organisationsbezogener Daten vor Mißbrauch	Sicherung gegen Verfälschung, Fehler und Verlust	Sicherung gegen Beschädigung, Zerstörung und Katastrophen
Wen?	den einzelnen Bürger	die Gesellschaft als Ganzes	die Datenverarbeitung (Rechenzentrum)	den Betriebsablauf (Unternehmen)
Was?	Privatsphäre, Persönlichkeitsrechte	Amts- und Geschäftsgeheimnisse	Daten (Datenträger, Dateien, Datenbanken)	Systeme (Abläufe, Programme) und Anlagen/Einrichtungen
Wovor?	Vorsätzliche und widerrechtliche Nutzung und Verwendung	Vorsätzliche und widerrechtliche Nutzung und Verwendung	Lesen, Verändern, Löschen, Ergänzen	Beschädigung, Zerstörung und Katastrophen
Wie?	Grundgesetz, Datenschutzgesetze	Gesetzliche Bestimmungen und betriebliche Regelungen	Allgemeine und objektbezogene Maßnahmen	Allgemeine und objektbezogene Maßnahmen

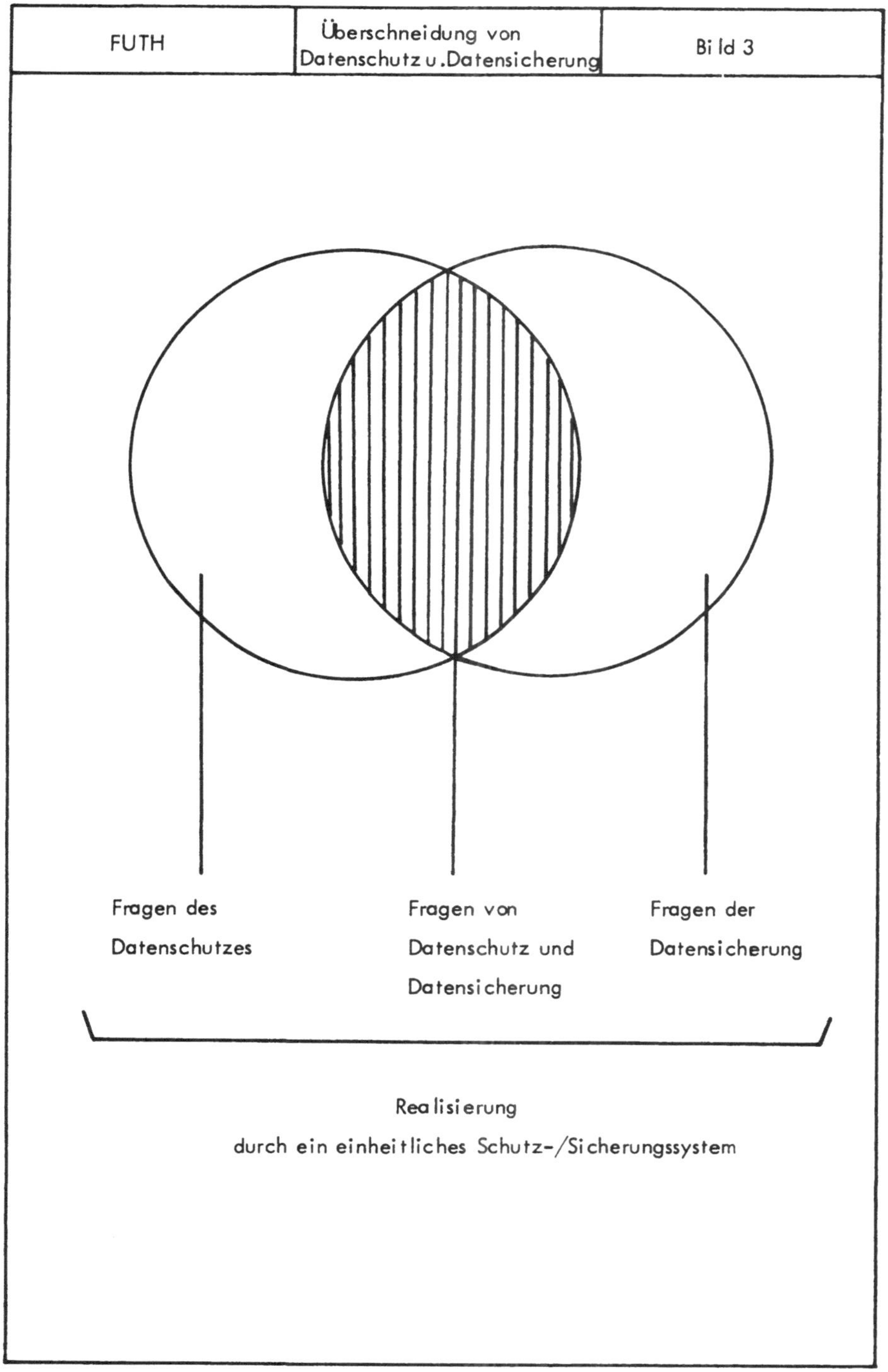
FUTH
Überschneidung von Datenschutz u. Datensicherung
Bild 3
Fragen des Datenschutzes
Fragen von Datenschutz und Datensicherung
Fragen der Datensicherung
Realisierung durch ein einheitliches Schutz-/Sicherungssystem

2.2 Datenschutz und Datensicherung im Hinblick auf die Entwicklung der EDV-Technik

Die Gefahren, denen Datenbestände ausgesetzt sind, sind im Prinzip nicht neu: Betriebsstörungen, der Verrat von Geschäftsgeheimnissen, Diebstahl und Veruntreuung sowie Fehler und Verstöße gegen die Ordnungsmäßigkeit der Buchführung bedrohen die Unternehmen seit jeher. Durch den Einsatz der maschinellen Datenverarbeitung haben diese Gefahren jedoch eine neue Größenordnung erhalten. Wie wir im nachfolgenden zeigen werden, ist es sogar offensichtlich, daß die Gefahren und Risiken überproportional zur Entwicklung der EDV-Technik und Komplexität ihrer Anwendungen steigen.

Die <u>erste EDV-Stufe</u> (der Einsatz von Computern der I. Generation als Übergang von der herkömmlichen Lochkartentechnik) war dadurch gekennzeichnet, daß

- die Daten dezentral erfaßt, aufbereitet und aufbewahrt wurden

- die maschinelle Bearbeitung nur einzelne Arbeitsgänge umfaßte und

- nur einzelne Dateien mit geringer Strukturierung und schwer auswertbar auf externen Datenträgern, insbesondere Lochkarten, gespeichert waren.

Diese Form der maschinellen Datenverarbeitung brachte kaum mehr und andere Gefahren mit sich als ein rein manueller Datenverarbeitungsprozeß.

In der <u>zweiten EDV-Stufe</u> (charakterisiert durch die Abkehr von anwendungstechnischen Insellösungen und die Zuwendung zu integrierten Prozessen sowie durch den Aufbau miteinander verknüpfter Dateien mit vorwiegend indexsequentiellem Zugriff bei Einsatz von Computern der II. und III. Generation) finden wir

- eine dezentrale Datenerfassung; jedoch erfolgen Aufbereitung, Prüfung und Aufbewahrung der Daten überwiegend zentral

- integrierte Bearbeitungsprozesse, wobei nur noch in Ausnahmefällen zwischen den einzelnen maschinellen Arbeitsgängen manuell eingegriffen wird und

- die Speicherung einer großen Anzahl miteinander verknüpfter Dateien auf Magnetbändern und Magnetplatten.

In dieser EDV-Stufe ist eine erhebliche Zunahme von Gefahren und Risiken des Datenverarbeitungsprozesses festzustellen. Sie liegen jedoch weniger im möglichen Mißbrauch als im Verlust, in der Zerstörung und Beschädigung von Datenbeständen sowie in fehlerhaften Datenverarbeitungsprozessen. Als Gegenmaßnahmen wurden zahlreiche, mehr oder weniger gut funktionierende, Datensicherungsmethoden entwickelt. Der Wert dieser Maßnahmen ist jedoch vergleichsweise gering, da

- nahezu alle Maßnahmen sich auf die reine Sicherung von Daten und Programmen und nicht auf den Mißbrauchsschutz erstrecken

- es sich überwiegend um Einzelsicherungen handelt, die unkoordiniert sind und zu viele Sicherungslücken enthalten

- die Datensicherung allein der EDV-Abteilung überlassen bleibt und eine wirksame Überwachung fehlt und

- die meisten Maßnahmen organisatorisch-administrativer Art sind; absolut sichere Hardware-Kontrollen sind kaum, verläßliche Sicherungen durch Software in zu geringem Umfang vorhanden.

Vom Einsatz einer dritten zukünftigen EDV-Stufe (computergestützte Informations- und Steuerungssysteme, Datenfernübertragung, Teilnehmerbetrieb, Datenbanken und die Anwendung der EDV für Disposition, Planung und Gestaltung) gehen eine Reihe von Gefahren und Risiken aus, wie sie bisher unbekannt bzw. in dieser Größenordnung nicht vorhanden waren. Diese Risiken ergeben sich dadurch, daß

- die Daten dezentral erfaßt, sofort eingegeben und teilweise direkt verarbeitet werden

- die Sachbearbeiter in den Fachabteilungen einen direkten Zugang zu den Datenbeständen haben

- sich der Integrationsgrad der Verarbeitung weiter erhöht und Computer auch zur Steuerung von Arbeitsprozessen und zur unmittelbaren Informationsversorgung verwendet werden

- große und strukturierte Datenmengen auf kleinstem Raum in Datenbanken gespeichert sind

- immer mehr Daten über DFÜ-Netze übertragen werden und

- der zwischenbetriebliche Datenaustausch zunimmt.

Diese Entwicklung erfordert ein Überdenken der bisherigen Datensicherungsmaßnahmen. Sie müssen ausgebaut, zu einem System integriert und durch Maßnahmen zum Schutz vor Mißbrauch ergänzt werden, weil das System in hohem Maße schutz-/sicherungsbedürftig gegen Fehler in Erfassung und Verarbeitung, Zerstörung, Verlust und Verfälschung von Daten sowie Mißbrauch der Datenverarbeitung ist. Hierbei sei nochmals darauf hingewiesen, daß Datenschutz und Datensicherung nicht voneinander zu trennen sind und nur durch ein gemeinsames Schutz-/Sicherungssystem verwirklicht werden können. Umfang und Schwierigkeitsgrad eines solchen Schutz-/Sicherungssystems erfordern darüber hinaus, daß die entsprechenden Maßnahmen rechtzeitig geplant und eingeleitet sowie den Änderungen im Datenverarbeitungsprozeß ständig angepaßt werden. Bild 4 zeigt noch einmal den Zusammenhang zwischen Datenschutz und Datensicherung auf der einen und der Entwicklung der EDV-Technik auf der anderen Seite.

FUTH	Datenschutz/Datensicherung und EDV-Technik	Bild 4
EDV-Stufe	**Kennzeichnung**	**Datenschutz u. Datensicherung**
Erste Stufe - herkömmliche Lochkartentechnik - Computer der I. Generation	- dezentrale Erfassung, Aufbereitung u. Aufbewahrung der Daten - vorwiegend manueller Arbeitsablauf mit maschinellen Teiloperationen - einzelne Dateien mit begrenzter Aussagekraft in Lochkarten oder auf Magnetbändern	Kennzeichnung - ähnlich wie bei rein manueller Datenverarbeitung
Zweite Stufe - integrierte DV-Prozesse - zahlreiche, miteinander verknüpfte Dateien - Computer der II. und III. Generation	- dezentrale Erfassung, aber zentrale Aufbereitung und Aufbewahrung der Daten - integrierte Bearbeitungsprozesse mit Eingriffen nur noch in Ausnahmefällen - Speicherung zahlreicher, miteinander verknüpfter Dateien auf Magnetbändern und -platten	Kennzeichnung - reine Sicherung von Programmen und Daten - unkoordinierte Einzelsicherungen mit Lücken - fehlende Überwachung - zu wenig wirksame und verläßliche Hardware- und Softwaresicherungen
Dritte Stufe - computergestützte Betriebsabläufe - Datenfernübertrag. - Teilnehmerbetrieb - Datenbanken - höhere Anwendungen - Computer der III. und IV. Generation	- dezentrale Erfassung, sofortige Eingabe und z. T. direkte Verarbeitung der Daten - Kommunikation zwischen Anwender und EDV-System - hoher Integrationsgrad der Verarbeitung - Einsatz von Datenbanken - Zunahme der DFÜ - zwischenbetrieblicher Datenaustausch	Kennzeichnung - neue Konzeption - einheitliches Schutz-/Sicherungssystem - kostenbewußte Maßnahmen - wirksame Überwachung - ständige Anpassung

2.3 Gesetzliche Bestimmungen und Vorschriften

2.31 Einleitung und Übersicht

Eine Reihe von Gesetzen und gesetzlichen Vorschriften bildet die rechtliche Grundlage für Datenschutz und Datensicherung. Sie sind zum einen Teil alt und bekannt, treten zum anderen Teil aber neu in Kraft wie das Bundes-Datenschutzgesetz (BDSG) und die Neugestaltung der handels- und steuerrechtlichen Buchführungsvorschriften. Obwohl einige Gesetze nur dem personenbezogenen, andere dem organisationsbezogenen Datenschutz und wieder einige Vorschriften nur den Maßnahmen der Datensicherung dienen, haben wir hier keine Trennung vorgenommen, da die Kenntnis aller einschlägigen Gesetze und Vorschriften für den Datenverarbeiter erforderlich ist und, wie bereits ausgeführt, Datenschutz und Datensicherung nur durch ein gemeinsames Schutz-/Sicherungssystem realisiert werden können.

Die wichtigsten Grundsätze, Gesetze und Vorschriften für den Datenschutz und die Datensicherung sind

- die Allgemeinen Grundsätze für den personenbezogenen Datenschutz (nach Staatssekretär a.D. Willi Birkelbach)

- das Bundes-Datenschutzgesetz (BDSG)

- die Gesetze und Entwürfe der Länder zum Datenschutz

- sonstige gesetzliche Vorschriften und Bestimmungen wie das Grundgesetz der Bundesrepublik Deutschland, das Strafgesetzbuch StGB, das Gesetz gegen den unlauteren Wettbewerb, die Verordnung über die Datenübermittlung in den gesetzlichen Rentenversicherungen DÜVO,
  die Datenerfassungsverordnung DEVO,

die behördlichen Bauvorschriften für Rechenzentren,
die Bestimmungen der Gewerbeaufsichtsämter für den Rechenzentrumsbetrieb u.a.

- die Neugestaltung der handels- und steuerlichen Buchführungsvorschriften.

Entsprechend ihrer Bedeutung und ihrem Neuigkeitswert werden wir die Gesetze und Vorschriften mehr oder weniger detailliert darstellen und erläutern.

2.32 Grundsätze und Gesetze für den Datenschutz und die Datensicherung

Allgemeine Grundsätze für den personenbezogenen Datenschutz

Nach Staatssekretär a.D. Willi Birkelbach, hessischer Datenschutzbeauftragter, Wiesbaden (veröffentlicht in IBM-Nachrichten, Heft 223, Dezember 1974, Seiten 341 - 342), sollten folgende allgemeine Grundsätze für den personenbezogenen Datenschutz gelten:

- Der Einsatz der elektronischen Datenverarbeitung darf die individuellen und kollektiven Freiheitsrechte des Bürgers nicht behindern. Diese Freiheitsrechte haben gegenüber dem Rationalisierungsinteresse Vorrang.

- Es darf keine EDV-Systeme - vor allem keine Datenbanken - für personenbezogene Daten geben, deren Existenz geheimgehalten wird. Insbesondere sollte jedes EDV-Projekt der öffentlichen Verwaltung schon im Stadium der Planung öffentlich diskutiert und sein Rahmen, vor allem die Zugriffsrechte anderer Behörden, genau festgelegt werden.

- Wer personenbezogene Daten in EDV-Anlagen verwendet, muß das Vorhandensein ausreichender Sicherungsmaßnahmen gegen Mißbrauch der Daten (Datensicherung) nachweisen.

- Es dürfen nur solche Daten erhoben werden, die für die Erfüllung der jeweiligen Aufgabe notwendig sind. Soweit die Aufgabe es zuläßt, sind personenbezogene Daten nach der Erhebung, sobald sie nicht mehr für die Weiterverarbeitung benötigt werden, zu anonymisieren.

- Daten, die für einen bestimmten Zweck ermittelt wurden, dürfen nicht ohne Zustimmung des Betroffenen für einen anderen Zweck verwendet werden.

- Daten dürfen nur so lange gespeichert werden, wie sie für den vorher genannten Zweck benötigt werden. Löschungsfristen müssen festgelegt sein.

- Wer von einem Bürger Daten verlangt, muß ihn vorher entweder auf die Freiwilligkeit seiner Angaben oder aber auf den Rechtsgrund seiner Verpflichtung, Angaben zu machen, hinweisen.

- Vor jeder Anforderung personenbezogener Daten muß der Betroffene darüber unterrichtet werden, wer die Daten ermittelt, zu welchem Zweck sie erhoben werden, wo sie gespeichert bzw. an welche Stellen sie weitergegeben werden und wann sie wieder gelöscht werden. In einem öffentlichen Datenbankregister soll der Betroffene feststellen können, welche Dienststelle welche Datenarten gespeichert hat und welche Weitergabe- bzw. Zugriffsmöglichkeit bestehen.

- Für die Benutzung von Dateien, deren Daten dem Betroffenen nicht bekanntgegeben werden können (z.B. Polizei, Verfassungsschutz), müssen Rechtsformen festgelegt werden (Verrechtlichung).

- Der Bürger muß das Recht haben, Auskunft darüber zu erhalten, welche Daten über ihn bei welcher Stelle gespeichert werden, wozu sie verwendet werden und an welche Stelle sie eventuell weitergegeben werden.

- Der Betroffene muß das Recht haben, unrichtige, unvollständige oder unberechtigt über ihn gespeicherte Daten berichtigen, ergänzen oder löschen zu lassen.

- Der Betroffene muß das Recht haben zu verhindern, daß von ihm für einen bestimmten Zweck zur Verfügung gestellte Daten ohne seine Zustimmung für einen anderen Zweck benutzt oder zugänglich gemacht werden. Er muß ein Schadensersatzrecht für Schäden, die ihm durch unbefugte Verwendung seiner Daten entstanden sind, haben.

Das Bundes-Datenschutzgesetz (BDSG)

Das "Gesetz zum Schutz vor Mißbrauch personenbezogener Daten bei der Datenverarbeitung (Bundes-Datenschutzgesetz - BDSG)" soll den Schutz der Privatsphäre vor Mißbrauch bei der Datenverarbeitung sicherstellen. Es wurde am 10. November 1976 vom Bundestag und am 12. November 1976 vom Bundesrat verabschiedet.

Wir wollen im folgenden die wichtigsten Bestimmungen des Gesetzes in Kurzform beschreiben und erläutern. Sofern Unterschiede zwischen der

- Datenverarbeitung der Behörden und sonstigen öffentlichen Stellen (abgekürzt: Behörden)

- Datenverarbeitung nicht-öffentlicher Stellen für eigene Zwecke (abgekürzt: Firmen mit Datenverarbeitung für eigene Zwecke) und - geschäftsmäßigen Datenverarbeitung nicht-öffentlicher Stellen für fremde Zwecke (abgekürzt: Firmen mit Datenverarbeitung für fremde Zwecke)	zusammengefaßt als "Firmen" bezeichnet

bestehen, werden wir darauf näher eingehen. Der vollständige Text des Gesetzes ist im Anhang des Buches untergebracht.

Kurzfassung Bundes-Datenschutzgesetz (BDSG)

1. Inkrafttreten des Gesetzes (§ 47)

Das Gesetz tritt am 1.1.1978 in Kraft.

Ausnahmen:
- am Tage nach der Verkündung im Bundes-Gesetzblatt können bereits Verordnungen zur Durchführung der Verwaltung (z.B. Festsetzung von Gebührensätzen) erlassen werden.

- bereits am 1.7.1977 ist der Bundes-Datenschutzbeauftragte zu bestellen und müssen Firmen einen innerbetrieblichen Datenschutzbeauftragten ernennen, der sich bis zum 31.12.1977 in seine Aufgaben einarbeiten kann.

- erst zum 1.1.1979 sind die Maßnahmen zu treffen, die geeignet sind, die Sicherheit personenbezogener Daten zu gewährleisten (§ 6 und Anlage zu § 6, Abs. 1 Satz 1).

2. Umfang des Gesetzes (§§ 1 - 6)

Wer personenbezogene Daten (= Einzelangaben über persönliche und sachliche Verhältnisse natürlicher Personen) in einer Datei speichert, verändert, löscht, aus einer Datei übermittelt oder daraus entnimmt, ist (von wenigen Ausnahmen abgesehen) vom BDSG betroffen. Eine Datei ist in diesem Sinne eine gleichartig aufgebaute Sammlung von Daten, die nach bestimmten Markmalen erfaßt und geordnet und nach anderen Merkmalen untergeordnet und ausgewertet werden kann, ungeachtet der dabei angewendeten Verfahren. Nicht zu den Dateien gehören Akten und Aktensammlungen, es sei denn, daß sie durch automatisierte Verfahren umgeordnet und ausgewertet werden können.

<u>Ausnahmen:</u>

- mit Ausnahme des § 6 (Technische und organisatorische Maßnahmen) gilt das BDSG nicht für Firmen, die personenbezogene Daten ausschließlich für eigene Zwecke und nicht automatisch verarbeiten.
- ebenfalls mit Ausnahmen des § 6 gilt das BDSG nicht für Firmen der Presse, des Rundfunks und Films, die personenbezogene Daten ausschließlich zu eigenen publizistischen Zwecken verarbeiten.
- nicht geschützt sind auch akkumulierte und anonymisierte personenbezogene Daten, die keinen Schluß auf Einzelpersonen zulassen.

Die Verarbeitung von nach dem BDSG geschützten personenbezogenen Daten ist grundsätzlich nur nach dem BDSG oder einer anderen Rechtsvorschrift erlaubt, die den Umgang mit personenbezogenen Daten anders regelt als das BDSG. Eine Ausnahme hiervon ist nur dann möglich, wenn der Betroffene eine vorher eingeholte schriftliche Erlaubnis zur Abweichung vom BDSG gegeben hat.

In jedem Falle sind personenbezogene Daten bei der automatischen Verarbeitung vor dem Zugriff Unbefugter und vor Manipulation wirksam zu schützen, wofür (nach § 6 Abs. 1 Satz 1) geeignete technische und organisatorische Maßnahmen zu treffen sind (jedoch muß der Aufwand hierfür in einem angemessenen Verhältnis zum angestrebten Schutzzweck stehen). Der Datenverarbeiter muß auch sein Personal, das mit personenbezogenen Daten umgeht, über das neue Gesetz informieren und ihm klarmachen, daß es jetzt (auch über sein Ausscheiden aus der Firma hinaus) zur Wahrung des Datengeheimnisses gesetzlich verpflichtet ist.

3. Der Bundes-Datenschutzbeauftragte (§§ 17 - 21)

Die Datenverarbeitung der Behörden wird ab 1978 von einem Bundes-Datenschutzbeauftragten überwacht, dem alle Informationen über personenbezogene Daten gegeben werden müssen und der alle Räume betreten darf, in denen personenbezogene Daten verarbeitet werden. Dem Bundes-Datenschutzbeauftragten sind auch alle Dateien personenbezogener Daten nach Art, Verwendungszweck, betroffenen Personenkreis, regelmäßigen Empfängern und Inhalt der Übermittlungen zu melden. Dateien, die schon 1978 bestehen, müssen bis Ende 1978, neue Dateien sofort gemeldet werden.

4. Der betriebliche Datenschutzbeauftragte (§§ 28 und 29)

Alle Firmen müssen ab 1. Juli 1977 einen eigenen Beauftragten für den Datenschutz stellen, sofern bei der automatischen Verarbeitung personenbezogener Daten mindestens fünf Leute ständig beschäftigt sind; bei nicht automatischer Datenverarbeitung erhöht sich die Zahl auf 20 Mitarbeiter. Der betriebliche Datenschutzbeauftragte muß die erforderliche Fachkunde und Zuverlässigkeit besitzen; er ist dem Inhaber, Vorstand, Geschäftsführer oder dem "sonstigen gesetzlich oder verfassungsmäßig berufenen Leiter" direkt zu unterstellen. Er ist innerhalb des Datenschutzes weisungsfrei und darf wegen der Erfüllung seiner Aufgaben nicht benachteiligt werden; er genießt zwar keinen besonderen Kündigungsschutz, jedoch darf ihm nicht wegen der Erfüllung seiner Aufgaben gekündigt werden. Er hat eine Übersicht über alle personenbezogenen Daten zu führen, muß die Datenverarbeitung überwachen und die Personen im Rechenzentrum mit dem Gesetz vertraut machen sowie bei der Auswahl der in der Verarbeitung personenbezogener Daten tätigen Personen beratend mitwirken.

5. Meldepflichten und Aufsichtsbehörde (§§ 30, 39 und 40)

Beschwert sich ein Betroffener, der sich begründet in seinen Rechten verletzt fühlt, oder der betriebliche Datenschutzbeauftragte, so sind der zuständigen Landesaufsichtsbehörde alle erforderlichen Auskünfte zu erteilen und ihr Zugang zu allen betreffenden Räumen zu gestatten. Firmen, die Datenverarbeitung für fremde Zwecke betreiben, müssen darüber hinaus ihr Geschäft ab 1978 binnen eines Monats anmelden und die in § 39 Abs. 2 verlangten Angaben machen.

6. Speichern, Verändern und Übermitteln von Daten (§§ 9, 10, 23, 24, 25, 32 und 33)

Firmen, die Datenverarbeitung für eigene Zwecke betreiben, dürfen personenbezogene Daten "im Rahmen der Zweckbestimmung eines Vertragsverhältnisses oder vertragsähnlichen Vertrauensverhältnisses" speichern, verändern und übermitteln, wenn dadurch nicht schutzwürdige Belange des Betroffenen beeinträchtigt werden; dies gilt auch für den Fall, daß kein Vertragsverhältnis besteht, das Speichern, Verändern und Übermitteln aber zur Wahrung berechtigter Interessen der speichernden Stellen geschieht. Nach § 2 Abs. 2 gehört zum Speichern nicht nur das Aufbewahren, sondern auch schon das Erfassen und Aufnehmen von Daten auf einen Datenträger. Auch der Begriff des Übermittelns ist im Gesetz (§ 2 Abs. 2) sehr weit gefaßt. Darunter ist jede Bekanntgabe personenbezogener Daten zu verstehen, also auch schon die Einsichtnahme oder Bereithaltung zum Abruf. Als "Dritter" im Sinne des Gesetzes ist jeder außerhalb der zu speichernden Stelle zu verstehen, ausgenommen die Betroffenen selbst und Firmen mit Datenverarbeitung für Fremde, die diese Daten im Auftrag verarbeiten. Personalbezogene Daten, die einem Berufs- oder besonderen Amtsgeheimnis unterliegen und die von der zur Verschwiegenheit verpflichteten Person in Ausübung ihrer Berufs- oder Amtspflicht übermittelt worden sind, dürfen vom Empfänger nicht mehr weitergegeben werden.

Abweichend vom ersten Absatz ist das Speichern in nicht-automatisierten Verfahren sowie die Übermittlung von personenbezogenen Daten zulässig, soweit die Daten unmittelbar aus allgemein zugänglichen Quellen entnommen sind, die deshalb aber noch nicht zu völlig freien Daten werden. Die genannten Daten umfassen Name, Titel, akademische Grade, Geburtsdatum, Beruf, Branchen- oder Geschäftsbezeichnung, Anschrift und Rufnummer und dürfen nur weitergegeben werden, wenn dadurch nicht schutzwürdige Belange des Betroffenen beeinträchtigt werden. Dies bedeutet, daß personenbezogene Daten aus allgemein zugänglichen Quellen uneingeschränkt nur in nicht automatisierten Verfahren gespeichert werden dürfen.

Das Speichern, Verändern und Übermitteln innerhalb des öffentlichen Bereichs hängt bei Behörden von dem Recht und der Notwendigkeit auf Kenntnis der Daten ab. Wünscht eine Firma personenbezogene Daten von einer Behörde, so muß sie ein berechtigtes Interesse glaubhaft machen und sicherstellen, daß dadurch keine schutzwürdigen Belange Betroffener verletzt werden.

Bei Firmen, die Datenverarbeitung für fremde Zwecke betreiben, dürfen personenbezogene Daten nur gespeichert, verändert und übermittelt werden, wenn dadurch in keinem Falle schutzwürdige Belange von Betroffenen verletzt werden. Das Speichern ist zulässig bei Daten, die unmittelbar aus allgemein zugänglichen Quellen entnommen sind. Die listenmäßige Weitergabe von Personengruppen ist ebenfalls zulässig, wenn sie sich auf Namen, Titel, akademische Grade und Anschriften beschränkt.

7. Auskunftspflicht (§§ 13, 26 und 34)

Firmen, die Datenverarbeitung für eigene Zwecke betreiben, müssen ab 1978, wenn sie erstmals Daten über eine Person speichern, diese Person davon in Kenntnis setzen, es sei denn, daß der Betroffene (zum Beispiel bei der Datenerhebung) auf andere Weise Kenntnis von der Speicherung erlangt hat (aber nicht versteckt im "Kleingedruckten"!). Über personenbezogene Daten, die vor 1978 gespeichert wurden, ist der Betroffene ebenfalls zu benachrichtigen, sofern diese Daten nach dem 1.1.1978 an Dritte übermittelt werden.

Firmen, die Datenverarbeitung für fremde Zwecke betreiben, müssen in jedem Falle ab 1978 Betroffene benachrichtigen, und zwar zum Zeitpunkt der ersten Übermittlung an Dritte.

Unabhängig von der Auskunftspflicht kann ein Betroffener sowohl von Behörden als auch von Firmen jederzeit Auskunft darüber verlangen, welche Daten über ihn gespeichert sind. Er kann auch Auskunft über die Personen und Stellen verlangen, an die seine Daten regelmäßig übermittelt werden. Die Auskunft darf nur verweigert werden, wenn übergeordnete Interessen Dritter oder die öffentliche Sicherheit und Ordnung dem entgegenstehen. Der Auskunftssuchende hat die für die Auskunft "direkt zurechenbaren Kosten" zu erstatten, jedoch dann nicht, falls sich aus der Auskunft die Unrichtigkeit von Daten ergibt oder der Betroffene Korrektur oder Löschung unrichtiger Daten verlangen kann.

8. Berichtigung, Löschung und Sperrung von Daten (§§ 14, 27 und 35)

In jedem Falle sind unrichtige personenbezogene Daten zu berichtigen und unzulässig gespeicherte personenbezogene Daten zu löschen. Ist die Speicherung personenbezogener Daten nicht mehr erforderlich, so sind diese Daten zu sperren, auf Antrag des Betroffenen sogar zu löschen. Personenbezogene Daten sind ebenfalls zu sperren für den Fall, daß die Richtigkeit dieser Daten vom Betroffenen bestritten wird.

Für Daten über gesundheitliche Verhältnisse, strafbare Handlungen, Ordnungswidrigkeiten sowie religiöse oder politische Anschauungen besteht bei den Firmen sogar Löschzwang, wenn ihre Richtigkeit von der speichernden Stelle nicht bewiesen werden kann.

9. Datensicherung (Anlage zu § 6 Abs. 1 Satz 1)

Alle Behörden und Firmen, die personenbezogene Daten automatisch verarbeiten, haben Maßnahmen zu treffen, die geeignet sind,

- Unbefugten den Zugang zu Datenverarbeitungsanlagen, mit denen personenbezogene Daten verarbeitet werden, zu verwehren (Zugangskontrolle)

- Personen, die bei der Verarbeitung personenbezogener Daten tätig sind, daran zu hindern, daß sie Datenträger unbefugt entfernen (Abgangskontrolle)

- die unbefugte Eingabe in den Speicher sowie die unbefugte Kenntnisnahme, Veränderung oder Löschung gespeicherter Daten zu verhindern (Speicherkontrolle)

- die Benutzung von Datenverarbeitungssystemen, aus denen oder in die personenbezogene Daten durch selbsttätige Einrichtungen übermittelt werden, durch unbefugte Personen zu verhindern (Benutzerkontrolle)

- zu gewährleisten, daß die zur Benutzung eines Datenverarbeitungssystems Berechtigten durch selbsttätige Einrichtungen ausschließlich auf die ihrer Zugriffsberechtigung unterliegenden personenbezogenen Daten zugreifen können (Zugriffskontrolle)

- zu gewährleisten, daß überprüft und festgestellt werden kann, an welche Stellen personenbezogene Daten durch selbsttätige Einrichtungen übermittelt werden können (Übermittlungskontrolle)

- zu gewährleisten, daß nachträglich überprüft und festgestellt werden kann, welche personenbezogenen Daten zu welcher Zeit von wem in Datenverarbeitungssysteme eingegeben worden sind (Eingabekontrolle)

- zu gewährleisten, daß personenbezogene Daten, die im Auftrag verarbeitet werden, nur entsprechend den Weisungen des Auftraggebers verarbeitet werden können (Auftragskontrolle)

- zu gewährleisten, daß bei der Übermittlung personenbezogener Daten sowie beim Transport entsprechender Datenträger diese nicht unbefugt gelesen, verändert oder gelöscht werden können (Transportkontrolle)

- die innerbehördliche oder innerbetriebliche Organisation so zu gestalten, daß sie den besonderen Anforderungen des Datenschutzes gerecht wird (Organisationskontrolle).

Diese Maßnahmen haben ohne Ausnahme alle Firmen zu treffen, die Datenverarbeitung betreiben; sie dürfen jedoch dann eingeschränkt werden, wenn ihr Aufwand unangemessen im Verhältnis zum angestrebten Schutzzweck ist.

Gesetze und Entwürfe der Länder zum Datenschutz

Die Gesetze der Länder zum Datenschutz haben für Firmen, die Datenverarbeitung für eigene oder fremde Zwecke betreiben, nur eine Übergangsbedeutung, da sie am 1.1.1978 vom Bundes-Datenschutzgesetz (BDSG) abgelöst werden. Sie gelten jedoch weiterhin für Behörden und sonstige öffentlichen Stellen der Länder, Gemeinden, Gemeindeverbände usw. (§ 7 BDSG Abs. 2), soweit der Datenschutz durch ein eigenes Landesgesetz geregelt ist. Wegen der verhältnismäßig geringen Bedeutung soll hier nur auf die bestehenden Gesetze und Entwürfe der Länder hingewiesen werden.

BADEN/WÜRTTEMBERG: Gesetz über die Datenzentrale Baden/Württemberg vom 17.11.1970.

BAYERN: Gesetz über die Organisation der elektronischen Datenverarbeitung im Freistaat Bayern (EDVG) vom 12.10.1970.

BERLIN: Senatsvorlage eines Gesetzes über die Berliner Verwaltung, Drucksache 6/865 vom 4.5.1974.

BREMEN: Entwurf vom 6.9.1973, der weitgehend mit dem Entwurf des BDSG übereinstimmt.

HAMBURG: Entwurf eines Datenschutzgesetzes der freien und Hansestadt Hamburg, Drucksache VII/1460 vom 5.10.1971.

HESSEN: Datenschutzgesetz (D Schutz G) vom 7.10.1970.

NIEDERSACHSEN: Vorläufige Regelung des Datenschutzes im Rechenzentrum des Landes, Runderlaß des niedersächsischen Innenministers vom 9.11.1970.

NORDRHEIN-WESTFALEN: Entwurf eines Gesetzes zum Schutze der Privatsphäre gegen mißbräuchliche Datennutzung, Drucksache 7/835 vom 11.6.1971.

RHEINLAND-PFALZ: Gesetz zum Schutz der Privatsphäre vor mißbräuchlicher Datennutzung vom 24.1.1974.

SAARLAND: Dienstanweisung für die zentrale Datenverarbeitungsstelle für das Saarland vom 1.10.1971.

SCHLESWIG-HOLSTEIN: Entwurf eines Datenschutzgesetzes, Drucksache 7/484 vom 12.2.1973.

Sonstige gesetzliche Vorschriften und Bestimmungen (Auszüge)

Neben dem Bundes-Datenschutzgesetz (BDSG) und den Datenschutzgesetzen der Länder gibt es eine Reihe weiterer wichtiger Gesetze und Verordnungen mit Vorschriften für den Datenschutz und die Datensicherung. Als Beispiele hierfür seien genannt:

Das Grundgesetz der Bundesrepublik Deutschland

Artikel 1 Abs. 1: Unantastbarkeit und Schutz der menschlichen Würde

Artikel 2 Abs. 1: Gewährleistung des Rechts auf die freie Entfaltung der Persönlichkeit

Artikel 10: Brief-, Post- und Fernmeldegeheimnis.

Das Strafgesetzbuch StGB

§ 133 Verwahrungsbruch:
Schutz von Schriftstücken und anderen Gegenständen, die sich in dienstlicher Verwahrung befinden, vor Beschädigung.

§ 201 Vertraulichkeit des Wortes:
Verbot des Abhörens und Aufnehmens von nicht öffentlich gesprochenen Worten.

§ 202 Briefgeheimnis:
Schutz von Aufzeichnungen beliebiger Art, die sich in verschlossenen Behältern befinden.

§ 203 Privatgeheimnisse des persönlichen Lebensbereichs:
Schutz von Privatgeheimnissen.

§ 204 Verwertung fremder Geheimnisse:
Strafandrohung für die unbefugte Verwertung von Geheimnissen (insbesondere Betriebs- und Geschäftsgeheimnissen).

§ 267 Urkundenfälschung:
Jede Art von Urkunden.

§ 268 Fälschung technischer Aufzeichnungen:
Technische Aufzeichnungen sind eine Darstellung von Daten, Meß- oder Rechenwerten, Zuständen oder Geschehensabläufen, die durch ein technisches Gerät ganz oder zum Teil selbständig bewirkt wird und zum Beweis einer rechtlich erheblichen Tatsache bestimmt ist.

§ 274 Urkundenunterdrückung:
Vernichtung, Beschädigung oder Unterdrückung von Urkunden oder technischen Aufzeichnungen in der Absicht, einem anderen Nachteile zuzufügen.

§ 348 Falschbeurkundung im Amt:
Falsche Eintragung durch Amtsträger in Urkunden oder öffentliche Register.

§ 353 b Verletzung des Dienstgeheimnisses:
Geschützt sind Tatsachen, deren Kenntnis nicht über einen begrenzten Personenkreis hinausgeht; diese Personen können sein: Amtsträger, für den öffentlichen Dienst besonders Verpflichtete und Personen, die Aufgaben oder Befugnisse nach dem Personalvertretungsrecht wahrnehmen.

§ 353 c Unbefugte Weitergabe geheimer Gegenstände oder Nachrichten:
Geschützt sind Gegenstände, namentlich Schriften, Zeichnungen und Modelle, die auf amtliche Veranlassung geheimzuhalten sind.

§ 355 Steuergeheimnis:
Verletzung des Steuergeheimnisses durch Amtsträger oder für den öffentlichen Dienst besonders Verpflichtete.

Reichsabgabenordnung

§ 22 Steuergeheimnis:
Wie § 355 StGB

Gesetz gegen den unlauteren Wettbewerb

§ 17 Geschäftsgeheimnisse:
Verbietet die unbefugte Weitergabe von Geschäfts- und Betriebsgeheimnissen durch Mitarbeiter eines Geschäftsbetriebes.

Verordnung über die Datenübermittlung in den gesetzlichen Rentenversicherungen (DÜVO)

Regelt Verfahren der Übermittlung von Daten der Rentenversicherung mit Hilfe von Magnetbändern.

Datenerfassungsverordnung (DEVO)

Verlangt einen dem jeweiligen Stand der Technik entsprechenden Schutz der Daten bei Speicherung und Weitergabe.

Behördliche Bauvorschriften für Rechenzentren und Bestimmungen der Gewerbeaufsichtsämter für den Rechenzentrumsbetrieb

Diese Vorschriften und Bestimmungen sind regional (nach Gemeinden und Ländern) verschieden und können deshalb nicht im Rahmen dieses Buches behandelt werden.

Die Neugestaltung der handels- und steuerrechtlichen Buchführungsvorschriften

Änderung der handels- und steuerrechtlichen Buchführungsvorschriften (gültig ab 1.1.1977)

Diese Änderungen werden hier nur insoweit wiedergegeben, als sie die EDV betreffen.

§ 38 HGB

Buchführungspflicht

(2) Er ist verpflichtet, eine mit der Urschrift übereinstimmende Wiedergabe der abgesandten Handelsbriefe (Kopie, Abdruck oder sonstige Wiedergabe des Wortlauts auf einem Schrift-, Bild- oder anderen Datenträger) zurückzubehalten.

§ 43 HGB

Führung der Handelsbücher

(4) Die Handelsbücher und die sonst erforderlichen Aufzeichnungen können auch in der geordneten Ablage von Belegen bestehen oder auf Datenträgern geführt werden, soweit diese Formen der Buchführung einschließlich des dabei angewandten Verfahrens den Grundsätzen ordnungsmäßiger Buchführung entsprechen. Bei der Führung der Handelsbücher und der sonst erforderlichen Aufzeichnungen auf Datenträgern muß insbesondere sichergestellt sein, daß die Daten während der Dauer der Aufbewahrungsfrist verfügbar sind und jederzeit innerhalb angemessener Frist lesbar gemacht werden können. Absatz 1 Satz 2 und die Absätze 2 und 3 gelten sinngemäß.

§ 44 HGB

Aufbewahrung der Handelsbücher, Inventare und Bilanzen

(1) Jeder Kaufmann ist verpflichtet, die folgenden Unterlagen geordnet aufzubewahren:

1. Handelsbücher, Inventare, Bilanzen sowie die zu ihrem Verständnis erforderlichen Arbeitsanweisungen und sonstigen Organisationsunterlagen,
2. die empfangenen Handelsbriefe,
3. Wiedergaben der abgesandten Handelsbriefe,
4. Belege für Buchungen in den von ihm nach § 38 Abs. 1 zu führenden Büchern (Buchungsbelege).

(3) Mit Ausnahme der Bilanz können die in Absatz 1 aufgeführten Unterlagen auch als Wiedergabe auf einem Bildträger oder auf anderen Datenträgern aufbewahrt werden, wenn dies den Grundsätzen ordnungsgemäßer Buchführung entspricht, und sichergestellt ist, daß die Wiedergabe oder die Daten

1. mit den empfangenen Handelsbriefen und den Buchungsbelegen bildlich und mit den anderen Unterlagen inhaltlich übereinstimmen, wenn sie lesbar gemacht werden,
2. während der Dauer der Aufbewahrungsfrist verfügbar sind und jederzeit innerhalb angemessener Frist lesbar gemacht werden können.

Sind Unterlagen auf Grund des § 43 Abs. 4 Satz 1 auf Datenträgern hergestellt worden, können statt des Datenträgers die Daten auch ausgedruckt aufbewahrt werden; die ausgedruckten Unterlagen können auch nach Satz 1 aufbewahrt werden.

§ 47 a HGB

Vorlegung von Mikrokopien

Wer aufzubewahrende Unterlagen nur in der Form einer Wiedergabe auf einem Bildträger oder auf anderen Datenträgern vorlegen kann, ist verpflichtet, auf seine Kosten diejenigen Hilfsmittel zur Verfügung zu stellen, die erforderlich sind, um die Unterlagen lesbar zu machen; soweit erforderlich, sind die Unterlagen auszudrucken oder ohne Hilfsmittel lesbare Reproduktionen beizubringen.

§ 91 AO

Ordnungsvorschriften für die Buchführung und für Aufzeichnungen

(5) Die Bücher und die sonst erforderlichen Aufzeichnungen können auch in der geordneten Ablage von Belegen bestehen oder auf Datenträgern geführt werden, soweit diese Formen der Buchführung einschließlich des dabei angewandten Verfahrens den Grundsätzen ordnungsmäßiger Buchführung entsprechen; bei Aufzeichnungen, die allein nach den Steuer-

gesetzen vorzunehmen sind, bestimmt sich die Zulässigkeit des angewandten Verfahrens nach dem Zweck, den die Aufzeichnungen für die Besteuerung erfüllen sollen. Bei der Führung der Bücher und der sonst erforderlichen Aufzeichnungen auf Datenträgern muß insbesondere sichergestellt sein, daß die Daten während der Dauer der Aufbewahrungsfrist verfügbar sind und jederzeit innerhalb angemessener Frist lesbar gemacht werden können. Absätze 1 bis 4 gelten sinngemäß.

§ 92 AO

Ordnungsvorschriften für die Aufbewahrung von Unterlagen

(1) Die folgenden Unterlagen sind geordnet aufzubewahren:

1. Bücher und Aufzeichnungen, Inventare, Bilanzen sowie die zu ihrem Verständnis erforderlichen Arbeitsanweisungen und sonstigen Organisationsunterlagen,
2. die empfangenen Handelsbriefe oder Geschäftsbriefe,
3. Wiedergaben der abgesandten Handels- oder Geschäftsbriefe,
4. Buchungsbelege,
5. sonstige Unterlagen, soweit sie für die Besteuerung von Bedeutung sind.

(2) Mit Ausnahme der Bilanz können die in Absatz 1 aufgeführten Unterlagen auch als Wiedergabe auf einem Bildträger oder auf anderen Datenträgern aufbewahrt werden, wenn dies den Grundsätzen ordnungsgemäßer Buchführung entspricht und sichergestellt ist, daß die Wiedergabe oder die Daten

1. mit den empfangenen Handels- oder Geschäftsbriefen und den Buchungsbelegen bildlich und mit den anderen Unterlagen inhaltlich übereinstimmen, wenn sie lesbar gemacht werden.
2. während der Dauer der Aufbewahrungsfrist verfügbar sind und jederzeit innerhalb angemessener Frist lesbar gemacht werden können.

Sind Unterlagen auf Grund des § 91 Abs. 5 auf Datenträgern hergestellt worden, können statt des Datenträgers die Daten auch ausgedruckt aufbewahrt werden; die ausgedruckten Unterlagen können auch nach Satz 1 aufbewahrt werden.

Auswirkungen der neuen handels- und steuerrechtlichen Buchführungsvorschriften

Im folgenden sollen die wichtigsten Änderungen der handels- und steuerrechtlichen Buchführungsvorschriften - im Hinblick auf die EDV - noch einmal kurz erläutert werden.

1. Informationen und Aufzeichnungen

Während die Bilanz im Original und empfangene Handelsbriefe und Buchungsbelege im Original oder als Bildaufzeichnungen aufbewahrt werden müssen, dürfen alle anderen zum Rechnungswerk der Buchführung gehörenden Informationen und Aufzeichnungen ab 1.1.1977 auf jedem beliebigen Datenträger geführt werden. Dies bedeutet, daß beispielsweise Rechnungskopien auf einem Magnetband aufbewahrt werden dürfen, nicht mehr dagegen in Form eines Beleges vorhanden sein müssen. Insofern wird auch die Dauerhaftigkeit der Wiedergabe nicht mehr gefordert.

2. Buchführung auf Datenträgern

Die Führung der Handelsbücher und der sonstigen Aufzeichnungen ist jetzt, unter bestimmten Voraussetzungen, auf Datenträgern zulässig. Es ist jedes technische Verfahren gestattet, das es ermöglicht, die Handelsbücher und sonstigen Aufzeichnungen unmittelbar und jederzeit reproduzierbar festzuhalten. Erlaubt ist hiernach auch das COM-Verfahren, bei dem Daten unmittelbar auf Mikrofilm gespeichert werden.

Die Führung der Handelsbücher und der sonstigen Aufzeichnungen auf Datenträgern muß den Grundsätzen ordnungsmäßiger Buchführung entsprechen. Darüber hinaus wird gefordert, daß die Daten während der Dauer der Aufbewahrungsfrist verfügbar sind und jederzeit innerhalb angemessener Frist lesbar gemacht werden können.

3. Aufbewahrung von Unterlagen

Neu wurde ebenfalls aufgenommen, daß die zum Verständnis der Handelsbücher, Inventare und Bilanzen erforderlichen Arbeitsanweisungen und sonstigen Organisationsunterlagen ebenfalls aufzubewahren sind. Hierzu gehört zweifelsohne die gesamte System- und Programmdokumentation, im einzelnen

- Datenflußpläne und Programmvorgaben
- Programmbeschreibungen und Programmablaufpläne
- Umwandlungslisten und Quellenprogramme
- Maschinenprogramme
- Testdaten und Testauswertungen
- Datenschutz- und Datensicherungsunterlagen
- Arbeitsanweisungen für Fachabteilungen und Rechenzentrum
- Dokumentation der maschinellen Abwicklung (Maschinenprotokolle, Logbücher).

Außer der Bilanz können alle aufzubewahrenden betrieblichen Unterlagen auf Datenträgern aufbewahrt werden, wenn dies den Grundsätzen ordnungsmäßiger Buchführung entspricht und sichergestellt ist, daß die Wiedergaben oder die Daten mit den empfangenen Handels- oder Geschäftsbriefen und den Buchungsbelegen bildlich und mit den anderen Unterlagen inhaltlich übereinstimmen, sobald sie lesbar gemacht werden. Außerdem müssen die Datenträger während der Dauer der Aufbewahrungszeit verfügbar sein und jederzeit innerhalb angemessener Frist lesbar gemacht werden können.

Grundsätze ordnungsmäßiger Speicherbuchführung

Der Arbeitskreis "Gesetzliche Anforderungen an das Rechnungswesen" des Ausschusses für wirtschaftliche Verwaltung in Wirtschaft und öffentlicher Hand e.V. (AWV) hat die "Grundsätze ordnungsmäßiger Speicherbuchführung bei Einsatz der EDV" erarbeitet. Der Buchführungspflichtige erhält damit Richtlinien zu Fragen und Problemen der Speicherbuchführung. Die Grundsätze enthalten Ausführungen auch zu Fragen der Datensicherung, der Aufbewahrung und Sicherung der Datenträger, der Dokumentation und Prüfbarkeit.

Der AWV bemüht sich, die Zustimmung (sie wird für Anfang 1977 erwartet) der obersten Finanzbehörden der Länder zu diesen Grundsätzen ordnungsmäßiger Speicherbuchführung zu erreichen, damit sie als allgemeine Grundsätze erlassen werden können.

Die folgende Darstellung bringt den vollen Text dieser Grundsätze. Sie wurde der Schrift AWV-Papiere Nr. 3, Grundsätze ordnungsmäßiger Speicherbuchführung, herausgegeben vom AWV-Ausschuß für wirtschaftliche Verwaltung in Wirtschaft und öffentlicher Hand e.V., Erich Schmidt Verlag, Berlin, entnommen.

Grundsätze ordnungsmäßiger Speicherbuchführung

1. Einleitung

1.0 Die Handelsbücher, Bücher und die sonst erforderlichen Aufzeichnungen können mit Hilfe der Speichertechnik der elektronischen Datenverarbeitung (EDV) geführt werden. Die gesetzlichen Voraussetzungen dafür sind in der Neufassung der §§ 38 ff. des Handelsgesetzbuches (HGB) und in den §§ 89 ff. der neuen Abgabenordnung (AO) enthalten.

1.1 Bei der Speicherbuchführung sind insbesondere die §§ 43 Abs. 4 und 44 Abs. 1 und 3 HGB sowie die §§ 91 Abs. 5 und 92 Abs. 1 und 2 AO zu beachten.

1.2 Die Speicherbuchführung besteht darin, daß die Buchungen auf Datenträgern aufgezeichnet (gespeichert) werden und bei Bedarf für den jeweils benötigten Zweck einzeln und kumulativ (verdichtet) in angemessener Frist lesbar gemacht werden können. Die Buchungen müssen insbesondere einzeln und geordnet nach Konten und diese fortgeschrieben nach Kontensummen oder Salden sowie nach Abschlußpositionen dargestellt werden können.

1.3 Für die Speicherbuchführung gelten die Grundsätze ordnungsmäßiger Buchführung in gleicher Weise wie für andere Techniken der Buchführung.

Das bedeutet:

1.3.0 Ein sachverständiger Dritter muß sich in der Buchführung in angemessener Zeit zurechtfinden und sich einen Überblick über die Geschäftsvorfälle und die Vermögenslage des Unternehmens verschaffen können (§ 90 AO).

1.3.1 Die richtige und vollständige Erfassung der buchungspflichtigen Geschäftsvorfälle (Grundbuchfunktion) und der Bestände sowie der Überblick über die Vermögens- und Ertragslage (Kontenfunktion) müssen auch bei der Speicherbuchführung gewährleistet sein. Die Geschäftsvorfälle sind zeitgerecht zu erfassen und so zu speichern, daß sie geordnet darstellbar sind. Sie müssen sich in ihrer Entstehung und Abwicklung verfolgen lassen.

1.3.2 Die gespeicherten Buchungen sind bei der Lesbarmachung sachlich richtig und formgerecht wiederzugeben.

2. Belegaufbereitung und Belegfunktion

2.0 Buchungen müssen auch bei Anwendung der Speicherbuchführung durch Einzel-, Sammel- oder Dauerbelege (Eigen-, Fremdbelege) nachgewiesen werden.

2.1 Die Belege sind so aufzubereiten, daß eine ordnungsmäßige Verarbeitung in der Speicherbuchführung möglich ist und die sachliche und zeitliche

Zuordnung der Geschäftsvorfälle nachgeprüft werden kann.

2.2 Belege können auch innerhalb eines EDV-Systems direkt auf Datenträgern hergestellt oder aufgrund eines Austausches von Daten, z.B. auf Datenträgern oder durch Datenfernübertragung, empfangen werden. Die Belegfunktion ist erfüllt, wenn die Vollständigkeit der Inhalte nachgewiesen werden kann, z.B. durch Kontrollsummen, unterteilt nach Ordnungskriterien der Einzelbuchungen oder durch Protokolle über empfangene oder abgesandte Datenträger.

Wird ein Beleg auf einem Datenträger hergestellt oder empfangen, können die Daten des Belegs statt auf diesem Datenträger auf einem Bildträger oder einem anderen Datenträger oder ausgedruckt aufbewahrt werden.

3. Buchung

3.0 Geschäftsvorfälle sind gebucht, wenn sie nach einem Ordnungsprinzip zeitgerecht erfaßt und mit Zuordnungsmerkmalen (Kontierung) und Identifizierungsmerkmalen (Beleghinweise) auf einem Datenträger, z.B. Lochkarte, Lochstreifen, Magnetband, Magnetplatte, Magnettrommel, verarbeitungsfähig gespeichert sind.

Unter diesen Voraussetzungen können Buchungen auch innerhalb des EDV-Systems erzeugt und auf Datenträgern gespeichert werden, z.B. Abschreibungen, Zinsen, oder aufgrund eines Austausches von Daten erfolgen.

3.1 Wird eine Buchung verändert, so muß ihr ursprünglicher Inhalt feststellbar bleiben, z.B. durch Protokolle über durchgeführte Änderungen.

3.2 Werden gespeicherte Daten vor dem Abschluß der Buchung, z.B. wegen offenbarer Unrichtigkeit, geändert, braucht der ursprüngliche Inhalt nicht feststellbar sein.

4. Kontrolle und Abstimmung

Die Vollständigkeit und Richtigkeit der gespeicherten Buchungen ist durch organisatorische Vorkehrungen sicherzustellen, z.B. durch Abstimmung über Kontrollsummen nach Abstimmkreisen, durch automatische oder andere Kontrollen. Aufzeichnungen über Kontrollen und Abstimmungen sind, soweit sie Buch- oder Belegfunktionen erfüllen, 10 bzw. 6 Jahre aufzubewahren.

5. Datensicherung

5.0 Der Buchführungspflichtige ist während der Aufbewahrungsfristen für die sichere und dauerhafte Speicherung der Daten verantwortlich; er hat sie vor Verfälschung zu schützen. Bei Wechsel des Systems oder des Datenträgers hat er die Überleitbarkeit, Verarbeitungs- und Darstellungsfähigkeit der gespeicherten Daten zu gewährleisten.

5.1 Bei der Übertragung gespeicherter Daten von einem Datenträger auf einen anderen muß die inhaltliche Übereinstimmung sichergestellt werden, z.B. durch automatisches Mitführen von Abstimmzahlen.

6. Dokumentation und Prüfbarkeit

6.0 Die Speicherbuchführung muß wie jede Buchführung von einem sachverständigen Dritten hinsichtlich ihrer formellen und sachlichen Richtigkeit prüfbar sein; dies muß durch die Prüfbarkeit einzelner Geschäftsvorfälle (fallweise Prüfung) und durch die Prüfbarkeit der Organisation des Abrechnungsverfahrens (Systemprüfung) möglich sein. Die dazu erforderliche Dokumentation - Arbeitsanweisungen und sonstige Organisationsunterlagen - ist 10 Jahre aufzubewahren (§ 44 HGB, § 92 AO).

6.1 Aus der Dokumentation einer Speicherbuchführung müssen Aufbau und Ablauf des Abrechnungsverfahrens vollständig ersichtlich sein. Die Dokumentation soll auch die Datenerfassung, die Kontrollen sowie die Listenbilder und den Satzaufbau behandeln. Sie kann verbal, z.B. durch Arbeitsanweisungen, graphisch, z.B. durch Ablaufpläne, und/oder tabellarisch, z.B. durch Entscheidungstabellen, erfolgen.

6.2 Der Buchführungspflichtige hat zu gewährleisten, daß die gespeicherten Buchungen innerhalb angemessener Frist lesbar gemacht werden können. Er muß die dafür erforderlichen Darstellungsprogramme sowie Maschinenzeiten und sonstige Hilfsmittel, z.B. Bildschirme, Lesegeräte, bereitstellen. Er hat auch zu gewährleisten, daß die gespeicherten Buchungen ausgedruckt oder bei Ausgabe auf Bildträgern ohne Hilfsmittel lesbare Reproduktionen beigebracht werden können.

7. Aufbewahrung und Sicherung der Datenträger

7.0 Datenträger, auf denen Buchungen gespeichert sind, müssen als Handelsbücher im Sinne des § 44 Abs. 1, Ziff. 1 HGB und als Bücher im Sinne des § 92 Abs. 1, Ziff. 1 AO 10 Jahre aufbewahrt werden.

Datenträger, die ausschließlich Belegfunktion haben, sind 6 Jahre aufzubewahren.

7.1 Werden Buchungen teilweise ausgedruckt, müssen die Datenträger weiterhin aufbewahrt werden, wenn die vollständige Lesbarmachung der gespeicherten Buchungen in Form von Handelsbüchern oder Büchern anderenfalls nicht gewährleistet ist.

7.2 Die Datenträger sind in angemessenen Zeitabständen auf ihre Funktionsfähigkeit zu überprüfen. Festgestellte Fehler oder Schäden sowie deren Beseitigung sind zu protokollieren.

7.3 Die Datenträger müssen vor Verwechslung, Beeinträchtigungen und Verlust geschützt werden. Hierzu gehört auch der Schutz z.B. gegen schädliche Magnetfelder, Temperatureinflüsse, Feuchtigkeit.

8. Verantwortlichkeit

Für die Einhaltung der Grundsätze ordnungsmäßiger Buchführung ist auch bei der Speicherbuchführung der Buchführungspflichtige verantwortlich.

2.4 Betriebliche Regelungen

Die betrieblichen Interessen im Hinblick auf Datenschutz und Datensicherung bestehen darin,

- die gesetzlichen Bestimmungen und Vorschriften zu erfüllen

- die eigenen vertraulichen Daten und Geschäftsgeheimnisse wirksam zu schützen und

- die Datenbestände, Arbeitsabläufe, Programme, Anlagen und Einrichtungen gegen Katastrophen, Fehler und Mißbrauch zu sichern.

Um dies zu gewährleisten, ist es notwendig, daß die gesetzlichen Vorschriften durch betriebliche Regelungen koordiniert und ergänzt werden. Hierzu eignet sich am besten ein System von Rahmen- und Einzelregelungen, wie beispielsweise:

1. Stufe: <u>Festlegung von Rahmenregelungen</u>

Herausgeber: Geschäftsführung

Inhalt:
- Betriebliche Anforderungen an Datensicherung (Dimensionierung, Anpassungsfähigkeit, Geschlossenheit, Wirtschaftlichkeit)
- Festlegung der Verantwortlichkeit für die Realisierung und Überwachung von Datenschutz und Datensicherung
- Grob-Terminplan für die Realisierung von Datenschutz und Datensicherung
- Bereitstellung der notwendigen finanziellen Mittel

Überwachung: ein Mitglied der Geschäftsführung.

2. Stufe: <u>Ausarbeitung von Einzelregelungen</u>

Herausgeber: Leiter der EDV-Abteilung als Projektmanager für Datenschutz und Datensicherung (in Zusammenarbeit mit dem Leiter der Betriebsorganisation und den Überwachungskräften)

Inhalt: Aufgaben- und Terminplan für
- eine Bestandsaufnahme der bisherigen Schutz-/Sicherungsmaßnahmen
- die Entwicklung eines neuen Schutz-/Sicherungssystems
- die Kostenanalyse der geplanten Schutz-/Sicherungsmaßnahmen
- die Institutionalisierung und Überwachung von Datenschutz und Datensicherung
- die Vorgehensweise bei der Realisierung von Datenschutz und Datensicherung

Überwachung: Leiter Revisionsabteilung, Datenschutz- und -sicherungsbeauftragte.

3. Entwicklung eines Schutz-/Sicherungssystems

3.1 Einleitung und Übersicht

Nur durch ein gemeinsames Paket umfassender Schutz-/Sicherungsmaßnahmen kann den EDV-Gefahren wirksam begegnet und sowohl der Datenschutz als auch die Datensicherung sichergestellt werden.

Bei der Entwicklung eines Schutz-/Sicherungssystems sollte man nach den bewährten Grundsätzen der EDV-Organisation: Analyse, Zielformulierung und Realisierung der Maßnahmen vorgehen. Für den Datenschutz und die Datensicherung bedeutet dies eine

- <u>Analyse der EDV-Risiken,</u>
  unterteilt nach Risikoobjekten, Risikoarten und Risikowirkungen

- <u>Formulierung der Anforderungen an ein Schutz-/Sicherungssystem,</u>
  unterteilt nach gesetzlichen, betrieblichen und EDV-Anforderungen, und

- <u>Ausarbeitung eines Maßnahmenkataloges</u>
  mit allgemeinen und objektbezogenen Schutz-/Sicherungsmaßnahmen.

3.2 Analyse der EDV-Risiken

So wie jede EDV-Einrichtung mit einer EDV-Analyse und jede EDV-Umstellung mit einer Problemanalyse beginnen, muß auch am Anfang der Entwicklung eines Schutz-/Sicherungssystems eine Analyse der möglichen EDV-Risiken stehen, unterteilt nach

- Risikoobjekten
  (Wo können Risiken auftreten?)

- Risikoarten
  (Welche Risiken können auftreten?) und

- Risikowirkungen
  (Welche Wirkungen können die verschiedenen Risiken haben?).

Weitere, in Veröffentlichungen genannte, Risikomerkmale wie Risikoursachen (Von wem können Risiken ausgehen?), Risikozeiten (Wann können Risiken auftreten?), Risikomitteln (Womit können Risiken herbeigeführt werden?) und Risikomotiven (Welche Gründe können Risikoverursacher haben?) können unseres Erachtens vernachlässigt werden, da sie einerseits von nur geringer Bedeutung sind und andererseits durch die obengenannte Analyse weitgehend mit abgedeckt werden.

Entsprechend der Hauptzielsetzung dieses Buches, nämlich die Bereitstellung von Techniken und Mitteln für Datenschutz und Datensicherung (Maßnahmenkatalog), ist es zunächst wichtig klar zu definieren, welche Objekte (Wo können Risiken auftreten?) zu schützen und zu sichern sind. Von allen möglichen Gliederungen bietet sich die folgende Unterteilung als am vorteilhaftesten zugunsten einer klaren Abgrenzung der einzelnen Risikoobjekte an:

- Anlagen/Einrichtungen
  (EDV-Anlagen, Datenerfassungsgeräte, Datenübertragungseinrichtungen, Klimaanlagen und Stromversorgungseinrichtungen, Gebäude, Räume, sonstige Einrichtungen)

- Systeme
  (Arbeitsabläufe und Programme) und

- Daten
  (Datenträger, Dateien, Datenbanken).

Alle schutz-/sicherungswürdigen Objekte des Unternehmens können einer der drei obengenannten Gruppen zugeordnet werden.

Damit die Risiken durch gezielte Maßnahmen und mit möglichst angemessenen Kosten abgedeckt werden können, sollte neben der Definition zugleich eine Klassifikation der Objekte erfolgen. Hierdurch wird sichergestellt, daß nicht alle Objekte in gleicher Weise (und mit gleichhohen Kosten) geschützt und gesichert werden. Im allgemeinen reicht es aus, wenn die Objekte in drei Klassifikationsgruppen unterteilt werden, und zwar in

- E = einfache Schutz-/Sicherungsklasse
  Beispiel: innerbetriebliche Daten ohne besonderes Schutz-/Sicherungsbedürfnis

- M = mittlere Schutz-/Sicherungsklasse
  Beispiel: Daten mit vertraulichem Inhalt oder Daten, die der Ordnungsmäßigkeit der Buchhaltung unterliegen

- H = hohe Schutz-/Sicherungsklasse
  Beispiel: personenbezogene Daten nach dem Bundes-Datenschutzgesetz und Geschäftsgeheimnisse.

Der zweite Teil der Risikoanalyse besteht darin, die Risiken nach Risikoarten (Welche Risiken können auftreten?) zu analysieren; auch hierfür bietet sich eine Dreiteilung an:

- Das Katastrophenrisiko
  Das in seinen Wirkungen schlimmste Risiko ist das Katastrophenrisiko. Katastrophen sind Fälle höherer Gewalt und treten rein zufällig und zeitlich nicht vorhersehbar auf. Katastrophen-

schäden können von einem kurzfristigen Ausfall des EDV-Betriebs über längerfristige Störungen bis hin zur vollständigen Zerstörung von Anlagen und Einrichtungen reichen. Im einzelnen gehört zum Katastrophenrisiko die Beschädigung oder Zerstörung von Daten (Datenträger, Dateien, Datenbanken), Systemen (Arbeitsabläufe, Programme) und von Anlagen und Einrichtungen (EDV-Anlagen, DE-Geräte, DFÜ-Einrichtungen, Klimaanlagen, Einrichtungen der Stromversorgung, Gebäude, Räume und sonstige Einrichtungen) durch Feuer, Explosion, Sturm, Wasser, vorsätzliche Handlungen, Aufruhr und Terrorakte.

- <u>Das Fehlerrisiko</u>
  Schäden dieser Art entstehen aufgrund von Orgware-Fehlern (Organisations-, Handhabungs- und Bedienungsfehlern), Software-Fehlern (in der System- und Anwendungssoftware) und Hardware-Fehlern(technische Störungen in der EDV-Anlage, in den peripheren Geräten und in den Versorgungseinrichtungen). Sie werden durch mangelnde Qualifikation des Personals, durch Nachlässigkeit oder aufgrund eines menschlichen Fehlverhaltens verursacht, entstehen jedoch nicht durch eine vorsätzliche Handlungsweise. Fehler können eine zeitliche Verzögerung bei der Verarbeitung, einen zusätzlichen Aufwand für die Rekonstruktion von Datenbeständen oder eine völlige Zerstörung von Datenbeständen und Programmen bewirken.

- <u>Das Mißbrauchsrisiko</u>
  Beim Mißbrauch handelt es sich um vorsätzliche, widerrechtliche Eingriffe von Mitarbeitern des eigenen Unternehmens oder betriebsfremder Personen in Programme und Datenbestände mit dem Ziel, Daten zu löschen, zu verfälschen, zu kopieren oder hinzuzufügen. Im einzelnen gehören

zum Mißbrauchsrisiko der Diebstahl von Programmen und Maschinenzeit, die Manipulation von Daten und Programmen, das Entwenden und unbefugte Duplizieren von Datenträgern, das Anzapfen von Übertragungsleitungen, wiederrechtliche Einblicke in Datenbestände und das Einschleusen von Fremdprogrammen. Schäden aufgrund von Mißbrauch sind selten geringfügig, weil sie von vornherein auf eine erhebliche Schädigung des Unternehmens abgestellt sind. Sie reichen von entgangenen Einnahmen (Diebstahl von Maschinenzeit) über Verlusten aufgrund von Veruntreuung (Datenmanipulation von Mitarbeitern) bis hin zu allerhöchsten Schäden (Verrat von Geschäftsgeheimnissen u.ä.).

Betrachten wir abschließend die Risikowirkungen (Welche Wirkungen können die EDV-Risiken haben?), die von den beschriebenen Risikoarten auf die genannten Risikoobjekte ausgehen, so können wir feststellen, daß sich auch alle Wirkungen drei verschiedenen Gruppen zuordnen lassen. Es sind dies die Risikowirkungen

- auf den Arbeitsablauf im Rechenzentrum (durch Beschädigung, Zerstörung oder Verlust von Datenbeständen und Programmen und der dadurch bedingten Rekonstruktion)

- auf den Betriebsablauf des Unternehmens (durch Störungen oder Zusammenbruch des Betriebsablaufs im Rechenzentrum, dadurch bedingt eine Störung oder ein Zusammenbruch betriebsinterner Arbeitsabläufe im Hinblick auf den Verkehr mit Kunden, Lieferanten, Behörden usw.) und

- auf die Existenz des Unternehmens (insbesondere durch Auswirkungen auf die Ertrags- und Vermögenslage, auf die Marktstellung, auf rechtliche Verpflichtungen und, in Ausnahmefällen, auf die Existenz des Unternehmens überhaupt).

Bild 5 zeigt noch einmal eine Übersicht über den Zusammenhang von Risikoobjekten, Risikoarten und Risikowirkungen. Das Formular VII/01 dient zur Erfassung der zu schützenden und zu sichernden Objekte im Unternehmen, unterteilt nach

- Objekt-Nr. (Nummer des Objektkataloges)
- Objekt (Bezeichnung des Objektes)
- Sicherungsklasse (E, M, H)
- Risikoart (K, F, M) und
- Risikowirkung (RZ, BA, UE).

Wie aus den Beispielen in Formular VII/01 hervorgeht, wird jedes Objekt, einzeln oder zu Gruppen zusammengefaßt (zum Beispiel alle Magnetbänder der Sicherungsklasse E) mit der Katalog-Nr. und Bezeichnung aufgeführt, unterteilt nach den drei <u>Sicherungsklassen</u>

E = einfache Schutz-/Sicherungsklasse
M = mittlere Schutz-/Sicherungsklasse
H = hohe Schutz-/Sicherungsklasse.

Es folgt eine Kennzeichnung nach <u>Risikoarten</u>

K = Katastrophenrisiko
F = Fehlerrisiko
M = Mißbrauchsrisiko

(wobei je Schutz-/Sicherungsobjekt durchaus mehr als eine Risikoart vorkommen kann) und nach <u>Risikowirkungen</u>

RZ = Wirkungen auf die RZ-Abläufe
BA = Wirkungen auf die Betriebsabläufe
UE = Wirkungen auf die Unternehmensexistenz.

FUTH	EDV-Risiken	Bild 5

Risikoarten		
Katastrophenrisiko	Fehlerrisiko	Mißbrauchsrisiko
durch Feuer, Explosion, Sturm, Wasser, vorsätzliche Handlungen, Aufruhr, Terrorakte	durch Handhabungs- und Bedienungsfehler, Softwarefehler, Hardwarefehler	Durch Diebstahl, Duplizieren, Anzapfen, Datenentnahme, Verändern, Einschleusen, Einblicke

Risikoobjekte		
Anlagen/Einrichtungen	Systeme	Daten
EDV-Anlagen, DE-Geräte, DFÜ-Einrichtungen, Versorgungsanlagen, Gebäude, Räume, sonstige Einrichtungen	Arbeitsabläufe, Programme	Datenträger, Dateien, Datenbanken

Risikowirkungen		
auf RZ-Ablauf	auf Betriebsabläufe	auf Unternehmensexistenz
durch Verlust, Ergänzung, Verfälschung	durch Störungen und Ausfälle im RZ	durch Katastrophen und Mißbrauch, die sich auf die Ertrags- und Vermögenslage auswirken

FUTH	KATALOG SCHUTZ-/ SICHERUNGSOBJEKTE	erstellt am: erstellt durch:

Objekt-Nr.	Objekt	Sich.-Klasse			Risikoart			Risikowirkg.		
		E	M	H	K	F	M	RZ	BA	UE
1.0.000	<u>Anlagen und Einrichtungen</u>									
1.1.000	<u>Gebäude und Räume</u>									
1.1.001	RZ - Gebäude			X	X				X	
1.1.002	Maschinenraum			X	X				X	
1.1.003	Archivraum		X		X			X		
1.1.004	Klimaraum			X	X				X	
1.1.005	Raum für Stromversorgung			X	X				X	
1.1.006	Sonstige RZ - Räume	X			X			X		
1.2.000	<u>EDV-Anlagen und -Geräte</u>									
1.2.001	EDV-Anlage			X	X	X	X			X
1.2.002	Datenerfassungsgeräte		X			X		X		
1.2.003	Bildschirmgeräte		X			X	X		X	
1.2.004	DFÜ - Einrichtungen			X		X	X		X	
1.3.000	<u>Stromversorgungseinrichtungen</u>									
1.3.001	Hauptleitung		X		X			X		
1.3.002	Unterbrechungsfreie Stromversorgung		X		X				X	
1.4.000	<u>Klimaanlagen</u>									
1.4.001	Klimaanlage			X	X				X	
1.4.002	Stromversorgung Klimaanlage		X		X			X		
1.4.003	Wasserversorgung Klimaanlage		X		X			X		
1.4.004	Zu- und Abluftkanäle		X		X			X		

E = einf. Schutz-/Sich.-Kl.	K = Katastrophenrisiko	RZ = auf RZ-Ablauf
M = mittl. Schutz-/Sich.-Kl.	F = Fehlerrisiko	BA = auf Betriebsablauf
H = hohe Schutz-/Sich.-Kl.	M = Mißbrauchsrisiko	UE = auf Unternehmensexistenz

Formular VII/01

Bei den Risikowirkungen ist jeweils nur die höchste Wirkung anzukreuzen, also Rechenzentrum, Betriebsablauf oder Unternehmensexistenz.

3.3 Anforderungen an ein Schutz-/Sicherungssystem

Die Anforderungen, die an ein zu entwickelndes Schutz-/Sicherungssystem gestellt werden, müssen von verschiedenen Gesichtspunkten aus betrachtet werden.

Aus der Sicht des Gesetzgebers ist zu fordern, daß ein Schutz-/Sicherungssystem

- allen gesetzlichen Vorschriften voll Rechnung trägt (Gesetzestreue) und

- für externe Prüfer zu durchschauen und zu prüfen ist (Transparenz).

Aus der Sicht des Unternehmens kommt es darauf an, daß ein Schutz-/Sicherungssystem

- auf die Tatbestände des Unternehmens (Größe, Branche, Anwendungen) und seine Schutz-/Sicherungsbedürfnisse zugeschnitten ist (Dimensionierung)

- sich den Änderungen der Tatbestände und Schutz-/Sicherungsbedürfnisse des Unternehmens anpassen kann (Anpassungsfähigkeit)

- möglichst alle Risiken abdeckt und keine Sicherheitslücken läßt (Geschlossenheit) und

- wirtschaftlich ist (Wirtschaftlichkeit).

Und aus der Sicht der Datenverarbeitung selbst geht es schließlich darum, daß ein Schutz-/Sicherungssystem folgende Anforderungen erfüllt:

- Es muß alle Risikoereignisse, sowohl zufälliger als auch vorsätzlicher Natur, verhindern können (Verhinderungsgrundsatz)

- Es muß alle Risikoereignisse, sowohl zufälliger als auch vorsätzlicher Natur, erkennen können (Erkennungsgrundsatz)

- Es muß alle Datenbestände korrigieren können (Korrekturgrundsatz) und

- Es muß alle Datenbestände rekonstruieren können (Rekonstruktionsgrundsatz).

Eine Verbindung von Risiken und Anforderungen führt zu folgenden Forderungen an ein Schutz-/Sicherungssystem:

- Verhindern von Katastrophen
  (z.B. durch entsprechende Einrichtungen im Rechenzentrum: Katastrophenschutz, Zugangssicherung, unterbrechungsfreie Stromversorgung u.a.)

- Verhindern von Fehlern
  (z.B. durch ausreichende vorbeugende Wartung, Einsatz von programmierten Kontrollen und Prüfprogrammen, Arbeitsanweisungen u.a.)

- Verhindern von Mißbrauch
  (z.B. durch Identifizierung der Benutzer, Prüfung der Zugriffsberechtigung, Arbeitsteilung im Rechenzentrum, Closed-Shop-Betrieb, Nachrichtenchiffrierung, Überwachungsmaßnahmen, Vier-Augen-Prinzip u.a.)

- <u>Erkennen von Katastrophen</u>
  (z.B. durch akustische und optische Meldeeinrichtungen u.a.)

- <u>Erkennen von Fehlern</u>
  (z.B. durch Fehlerprotokollierung, Parity-Prüfung, Plausibilitätsprüfungen, Prüfziffernverfahren, technische Fehleranzeigen u.a.)

- <u>Erkennen von Mißbrauch</u>
  (z.B. durch Annahmeverweigerung, Protokollierung, Betriebsstundenzähler u.a.)

- <u>Korrigieren und Rekonstruieren von Daten</u>
  (z.B. durch Drei-Generationen-Prinzip, Duplizierung von Datenbeständen und Programmen auf Magnetplatten, Restartpunkte und Wiederaufsetzroutinen, Wiedererstellungsprogramme u.a.).

Bild 6 zeigt noch einmal eine Übersicht über die Anforderungen, die an ein Schutz-/Sicherungssystem zu stellen sind.

FUTH	Anforderungen an ein Schutz-/Sicherungssystem	Bild 6

Gesetzliche Anforderungen

- Gesetzestreue
- Transparenz für externe Prüfungen

Unternehmens-Anforderungen

- Dimensionierung
- Anpassungsfähigkeit
- Geschlossenheit
- Wirtschaftlichkeit

EDV-Anforderungen

- Verhindern von Katastrophen
- Verhindern von Fehlern
- Verhindern von Mißbrauch
- Erkennen von Katastrophen
- Erkennen von Fehlern
- Erkennen von Mißbrauch
- Korrigieren von Fehlern
- Rekonstruieren von Daten

3.4 Ausarbeitung eines Maßnahmenkataloges

3.41 Maßnahmen und Sicherungsverfahren

Um die Risikoobjekte (Anlagen/Einrichtungen, Systeme und Daten) vor den Risikoarten (Katastrophen, Fehler und Mißbrauch) im Hinblick auf die Risikowirkungen (den RZ-Ablauf, die Betriebsabläufe und die Unternehmensexistenz) zu schützen und zu sichern, müssen bestimmte Maßnahmen ergriffen werden. Wir wollen diese Maßnahmen zweckmäßigerweise unterteilen in:

<u>Allgemeine Schutz-/Sicherungsmaßnahmen</u>
(= mittelbare Maßnahmen, die sich nicht bestimmten Objekten zuordnen lassen)
- Maßnahmen im Bereich der EDV-Strukturorganisation
- Maßnahmen im Bereich der EDV-Ablauforganisation und
- Maßnahmen im Bereich der EDV-Personalorganisation.

<u>Objektbezogene Schutz-/Sicherungsmaßnahmen</u>
(= unmittelbare Maßnahmen, die sich einzelnen Objekten oder Objektgruppen direkt zuordnen lassen)
- Maßnahmen zum Schutz und zur Sicherung der Anlagen und Einrichtungen (Gebäude, Räume, EDV-Anlagen, Datenerfassungsgeräte, Datenfernübertragungseinrichtungen, Stromversorgungs- und Klimaanlagen sowie sonstige Einrichtungen)
- Maßnahmen zum Schutz und zur Sicherung der Systeme (Arbeitsabläufe und Programme) und
- Maßnahmen zum Schutz und zur Sicherung der Daten (Datenträger, Dateien und Datenbanken).

Die meisten Maßnahmen des Datenschutzes und der Datensicherung lassen sich klar der einen oder anderen Maßnahmengruppe zuordnen. Nur in Ausnahmefällen gehören einzelne Maßnahmen sowohl der einen als auch der anderen Gruppe an, wie beispielsweise die maschinelle Protokollierung, die gleichermaßen der Sicherung der Programme und Daten dient.

Von der Art der Maßnahmen ist die Art des Verfahrens zu trennen, mit dem Datenschutz und Datensicherung realisiert werden. Hiermit meinen wir die Verfahrenstechnik, unterteilt in

- organisatorisch-administrative Verfahren (hier als Orgware-Sicherungen bezeichnet)
- programmtechnische Verfahren (hier als Software-Sicherungen bezeichnet) und
- maschinentechnische Verfahren (hier als Hardware-Sicherungen bezeichnet).

Eine Trennung von Maßnahmen und Verfahren ist schon deshalb erforderlich, weil eine Reihe von Maßnahmen durch das eine und/oder andere Verfahren realisiert werden kann. So ist es zum Beispiel möglich, den Closed-Shop-Betrieb im Rechenzentrum durch eine Pförtnerkontrolle (= Orgware-Sicherung) oder durch ein Lichtschrankensystem mit Ausweisleser (Hardware-Sicherung) sicherzustellen. Und die Benutzer von Bildschirmgeräten werden üblicherweise sowohl hardwaremäßig (durch Schlüssel, Ausweisleser) als auch softwaremäßig (mit Hilfe einer gespeicherten Benutzertabelle) identifiziert.

Unter Orgware-Sicherungen werden alle Schutz-/Sicherungsmaßnahmen organisatorischer, personeller und administrativer Natur verstanden. Maßnahmen dieser Kategorie sind im allgemeinen leicht zu verwirklichen, sehr anpassungsfähig und relativ billig, bieten dagegen in der Regel eine nur geringe Sicherheit.

Software-Sicherungen sind Bestandteil der Software und müssen nach systemsoftwarebezogenen Verfahren (also die von den Softwareproduzenten in die Systemsoftware, insbesondere in die Betriebssysteme, fest eingebauten Verfahren) und anwendungssoftwarebezogenen Verfahren (also die von den Benutzern selbst in die Anwendungsprogramme eingebauten programmierten Kontrollen) unterschieden werden. Software-Sicherungen sind meist mittelschwer zu verwirklichen, verhältnismäßig anpassungsfähig, unterschiedlich teuer und bieten eine mittlere bis hohe Sicherheit.

<u>Hardware-Sicherungen</u> erstrecken sich zum einen auf die Sicherung der Anlagen und Einrichtungen im Rechenzentrum und zum anderen auf die Systeme und Daten, wie zum Beispiel Speicherschutz durch Hardwareeinrichtungen, Datenstationen mit Ausweisleser, automatische Türöffner im Maschinenraum und andere. Sie sind nicht oder nur sehr schwer anpassungsfähig und meist sehr teuer, bieten dagegen ein Höchstmaß an Sicherheit.

Setzt man die Maßnahmen des Datenschutzes und der Datensicherung in Beziehung zu den Sicherungsverfahren, so läßt sich feststellen, daß die

- <u>Allgemeinen Schutz-/Sicherungsmaßnahmen</u> (= mittelbare Maßnahmen) überwiegend Orgware-Sicherungen und nur in einzelnen Fällen, zum Beispiel eine maschinelle Projektsteuerung, Software-Sicherungen sind, und die

- <u>Objektbezogenen Schutz-/Sicherungsmaßnahmen</u> (= unmittelbare Maßnahmen) bei der Sicherung der Anlagen und Einrichtungen vorwiegend aus Hardware-Sicherungen und bei den Maßnahmen zum Schutze und zur Sicherung der Systeme und Daten überwiegend aus Orgware- und Software-Sicherungen bestehen.

Es sei darauf hingewiesen, daß mit zunehmendem Sicherheitsbedürfnis Verschiebungen von den Orgware- zu den Software-

Sicherungen und von den Software- zu den Hardware-Sicherungen stattfinden werden. Bild 7 zeigt noch einmal eine Übersicht über die Gliederung der Schutz-/Sicherungsmaßnahmen und ihre Verbindung zu den einzelnen Sicherungsverfahren.

3.42 Hilfsmittel für die Darstellung von Schutz-/Sicherungsmaßnahmen

Die Maßnahmen für den Datenschutz und die Datensicherung eines Unternehmens sollten in einer Form dargestellt werden, die all denjenigen, die damit umgehen müssen, die Suche und Handhabung erleichtern. Wir empfehlen deshalb die Verwendung eines Formulars für den Maßnahmenkatalog in gleicher oder ähnlicher Ausführung, wie hier im Buch mit dem Formular VII/02

KATALOG
SCHUTZ-/SICHERUNGSMASSNAHMEN

dargestellt.

Dieses Formular enthält je Maßnahme die Katalog-Nr. (= Nummer der Maßnahme, nach strukturellen Gesichtspunkten geordnet), die genaue Bezeichnung der Maßnahme und die Kennzeichnung des Sicherungsverfahrens, unterteilt nach

OS = Orgware-Sicherung
SS = Software-Sicherung und
HS = Hardware-Sicherung.

Zu den im nachfolgenden Kapitel dargestellten Schutz-/Sicherungsmaßnahmen ist folgendes anzumerken:

1. Veröffentlichungen können immer nur die aufgrund gesetzlicher Vorschriften bedingten und durch den Betrieb eines Rechenzentrums allgemein notwendigen Schutz-/Si-

FUTH	Maßnahmen und Verfahren		Bild 7
Schutz-/Sicherungsmaßnahmen	**Orgware-Sich.**	**Software-Sich.**	**Hardware-Sich.**
Allgemeine Schutz-/Sicherungsmaßnahmen			
- Maßnahmen im Bereich der EDV-Strukturorganis.	+ +	-	-
- Maßnahmen im Bereich der EDV-Ablauforganis.	+ +	+	-
- Maßnahmen im Bereich der EDV-Personalorganis.	+ +	-	-
Objektbezogene Schutz-/Sicherungsmaßnahmen			
- Maßnahmen zur Sicherung der Gebäude u. Räume	+	-	+ +
- Maßnahmen zur Sicherung der EDV-Anlagen, DE-Geräte und DFÜ-Einrichtungen	+	-	+ +
- Maßnahmen zur Sicherung der Stromversorgungs- und Klimaanlagen	+	-	+ +
- Maßnahmen zur Sicherung der Systeme			
- Belegorganisation	+ +	-	-
- programmierte Kontrollen	-	+ +	-
- Programmsicherung	+	+ +	-
- Protokollierung	+	+ +	-
- Maßnahmen zur Sicherung der Daten			
- Datenträgersicherung	+	+ +	-
- Benutzeridentifizierung	+	+ +	+
- Prüfung der Zugriffsberechtigung	+	+ +	-
- Sicherung von Datenbeständen	+	+ +	-
- Fehlerkorrekturverfahren	+	+ +	-
- Rekonstruktion von Datenbeständen	+	+ +	-
- Protokollierung	+	+ +	-

- keine Bedeutung   + mittlere Bedeutung   + + große Bedeutung

cherungsmaßnahmen beschreiben, die deshalb aber noch nicht auf einen bestimmten Benutzer zugeschnitten sind.

2. Für den Benutzer unseres Maßnahmenkataloges ergibt sich hieraus die Notwendigkeit, die nicht benötigten Maßnahmen zu entfernen und darüber hinaus andere, für ihn zusätzlich wichtige Maßnahmen hinzuzufügen. Auf diese Weise gelangt er zu einem Katalog betriebsindividueller Schutz-/Sicherungsmaßnahmen.

Soweit zu den hier dargestellten Maßnahmen Erläuterungen erforderlich sind, wurden sie im Anschluß an den Maßnahmenkatalog untergebracht.

3.43 Katalog Schutz-/Sicherungsmaßnahmen

Die allgemeinen Schutz-/Sicherungsmaßnahmen lassen sich nicht oder nur zu einem sehr geringen Teil einzelnen Schutz-/Sicherungsobjekten direkt zuordnen. Sie sind organisatorischer und personeller Natur und werden fast ausschließlich durch organisatorisch-administrative Verfahren (Orgware-Sicherungen) realisiert.

Zu den allgemeinen Schutz-/Sicherungsmaßnahmen gehören die

- Maßnahmen der EDV-Strukturorganisation
- Maßnahmen der EDV-Ablauforganisation
- Maßnahmen der EDV-Personalorganisation.

Die objektbezogenen Schutz-/Sicherungsmaßnahmen können einzelnen Objekten (z.B. der EDV-Anlage) oder Objektgruppen (z.B. Magnetbänder der Sicherungsklasse M oder Datenbanken) direkt zugeordnet werden. Während die allgemeinen Schutz-/Sicherungsmaßnahmen von ihrer Anzahl her überwiegen, kommt den Schutz-/Sicherungsmaßnahmen für EDV-Objekte naturgemäß die Hauptbedeutung zu. Denn nur sie wirken unmittelbar und ausschließlich für den Datenschutz und die Datensicherung und dienen nicht auch, wie die allgemeinen Schutz-/Sicherungsmaßnahmen, einer organisatorisch zweckmäßigen und wirtschaftlichen Abwicklung aller EDV-Aktivitäten.

Zu den <u>objektbezogenen Schutz-/Sicherungsmaßnahmen</u> gehören die

- Maßnahmen zum Schutz und zur Sicherung der EDV-Anlagen und -Einrichtungen (Gebäude, Räume, EDV-Anlagen, Datenerfassungsgeräte, Datenfernübertragungseinrichtungen, Stromversorgungs- und Klimaanlagen sowie sonstige Einrichtungen)

- Maßnahmen zum Schutz und zur Sicherung der Systeme (Arbeitsabläufe und Programme)

- Maßnahmen zum Schutz und zur Sicherung der Daten (Datenträger, Dateien, Datenbanken).

FUTH	KATALOG SCHUTZ-/ SICHERUNGSMASSNAHMEN	erstellt am: erstellt durch:		
Nr.	Maßnahmen	Sich.-Verf.		
		OS	SS	HS
1.0.0.00	Allgemeine Schutz-/Sicherungsmaßnahmen			
1.1.0.00	Maßnahmen der EDV-Strukturorganisation			
1.1.1.00	Im Bereich der Fachabteilungen ist festzulegen und sicherzustellen,			
1.1.1.01	wer EDV-Anträge für Umstellungen stellen darf	X		
1.1.1.02	in welchem Umfange Mitarbeiter der Fachabteilungen an der Voruntersuchung teilhaben	X		
1.1.1.03	wer bis zu welcher Kostenhöhe Umstellungsaufträge erteilen darf	X		
1.1.1.04	wer in den auftraggebenden Fachabteilungen für die fachlichen Kontrollen (durch Überprüfung der Dokumentation, Überwachungsmaßnahmen und Abnahmetests) bei den Umstellungen verantwortlich ist	X		
1.1.1.05	wer welche Organisations- und Programmänderungen veranlassen darf	X		
1.1.1.06	wer welche Bewegungsdaten (nach Belegarten, Nummernkreise o.ä.) empfangen und bearbeiten darf	X		
1.1.1.07	wer für die Weitergabe von Erfassungsbelegen und Datenträgern an das Rechenzentrum verantwortlich ist	X		
1.1.1.08	wer welche Datenstationen benutzen darf	X		
1.1.1.09	wer zu welchen Datenbeständen (nach Umfang: Datenbank, Datei, Datensatz, Datensegment, Datenfeld und Art: Lesen, Ändern, Speichern, Löschen) zugreifen darf	X		
1.1.1.10	wer Eingabe- und Fehlerprotokolle korrigieren und die korrigierten Daten weiter- oder eingeben darf	X		
1.1.1.11	wer welche Listen und Formulare vom Rechenzentrum erhält	X		

Formular VII/02

Nr.	Maßnahmen	Sich.-Verf. OS	SS	HS
1.1.1.12	wer für die Verwahrung von Belegen und Datenträgern höherer Sicherheitsstufen verantwortlich ist	X		
1.1.1.13	wer welche Stammdaten ändern darf	X		
1.1.1.14	wer die Klassifizierung der Daten nach Sicherheitsstufen vornehmen darf	X		
1.1.1.15	welche Mitarbeiter zu besonderer Vertraulichkeit bei Daten höherer Sicherheitsklassen verpflichtet sind	X		
1.1.1.16	welche Mitarbeiter mit dem BDSG vertraut gemacht werden müssen	X		
1.1.1.17	welche Mitarbeiter über die Neugestaltung der handels- und steuerrechtlichen Buchführungsvorschriften zu unterrichten sind	X		
1.1.2.00	Im Bereich der EDV-Abteilung ist festzulegen und sicherzustellen,			
1.1.2.01	eine klare Organisationshierarchie	X		
1.1.2.o2	daß alle Mitarbeiter moderne und aktuelle Stellenbeschreibungen besitzen müssen	X		
1.1.2.03	daß alle Mitarbeiter mit dem BDSG und seinen Auswirkungen vertraut gemacht werden	X		
1.1.2.04	welche Mitarbeiter über die Neugestaltung der handels- und steuerrechtlichen Buchführungsvorschriften zu unterrichten sind	X		
1.1.2.05	welche Mitarbeiter mit Daten höherer Sicherheitsklassen umgehen dürfen	X		
1.1.2.06	wer EDV-Anträge für Umstellungen entgegennehmen darf	X		
1.1.2.07	in welchem Umfange Mitarbeiter der EDV-Abteilung an den Voruntersuchungen teilhaben	X		
1.1.2.08	wer in der EDV-Abteilung (EDV-Leiter, Projektleiter) für die Projektabwicklung und die ablaufbezogene Richtigkeit von Umstellungsprojekten verantwortlich ist	X		

FUTH	KATALOG SCHUTZ-/ SICHERUNGSMASSNAHMEN	erstellt am: erstellt durch:		
Nr.	Maßnahmen	Sich.-Verf.		
		OS	SS	HS
1.1.2.09	wer Anträge für Organisations- und Programmänderungen entgegennehmen und die Durchführung von Änderungen veranlassen darf	X		
1.1.2.10	welche Arbeitsteilung zwischen EDV-Organisation und Programmierung besteht	X		
1.1.2.11	wer Programm-, Datei-, Satznamen u.ä. vergeben darf	X		
1.1.2.12	daß Programmierer nur im Closed-Shop-Betrieb testen dürfen (mit entsprechenden organisatorischen, personellen und softwaremäßigen Maßnahmen)	X		
1.1.2.13	daß noch nicht freigegebene Programme nicht in die Original-Programmbibliothek aufgenommen werden dürfen	X		
1.1.2.14	daß keine Original-Dateien zu Testzwecken verwendet werden dürfen	X		
1.1.2.15	daß der Sicherheitsbereich des Rechenzentrums nur von dazu befugten Personen betreten werden darf	X		
1.1.2.16	daß eine klare Funktionstrennung zwischen Planung/Vorbereitung, Durchführung und Kontrolle im Rechenzentrum besteht	X		
1.1.2.17	daß die Operateure keine Daten über die Konsole eingeben dürfen	X		
1.1.2.18	daß mindestens 2 Operateure gleichzeitig im Maschinenraum arbeiten müssen (Vier-Augen-Prinzip und gesetzliche Vorschriften)	X		
1.1.2.19	wer innerhalb des Rechenzentrums für welche Sicherungsmaßnahmen verantwortlich ist	X		
1.1.2.20	daß nur die Systemprogrammierer und Datenbankverwalter neue Programme bzw. Datenbestände in Original-Bibliotheken oder Datenbanken aufnehmen dürfen	X		

Formular VII/02

Nr.	Maßnahmen	Sich.-Verf.		
		OS	SS	HS
1.1.2.21	daß alle Mitarbeiter über die für sie notwendigen Unterlagen und Informationen über das Schutz-/Sicherungssystem verfügen	X		
1.1.2.22	daß alle Mitarbeiter in die Schutz-/Sicherungsbestimmungen ausreichend eingewiesen sind.	X		
1.2.0.00	<u>Maßnahmen der EDV-Ablauforganisation</u>			
1.2.1.00	<u>Im Bereich der EDV-Umstellung und des Änderungsdienstes ist festzulegen und sicherzustellen,</u>			
1.2.1.01	welche Vorschriften bei der Antragstellung für EDV-Umstellungen zu beachten sind	X		
1.2.1.02	wie und in welchem Umfange die Fachabteilungen bei den Voruntersuchungen mitarbeiten	X		
1.2.1.03	wie das Ergebnis von Voruntersuchungen zu dokumentieren ist	X		
1.2.1.04	in welcher Form die Auftragsvergabe an die EDV-Abteilung erfolgt	X		
1.2.1.05	in welcher Form und in welchem Umfange die Fachabteilungen an den EDV-Umstellungen mitwirken	X		
1.2.1.06	welche Prüfungen vor der Programmierung eines Projekts von den Fachabteilungen vorgenommen werden	X		
1.2.1.07	wie die Fachabteilungen bei der Erstellung der Testdaten und der Auswertung der Testergebnisse vor der Programmfreigabe mitwirken	X		
1.2.1.08	aufgrund welcher Kriterien die Daten nach Schutz-/Sicherungsklassen klassifiziert werden	X		
1.2.1.09	welche sachbezogenen programmierten Kontrollen und Abstimmungen in den Programmen grundsätzlich vorgesehen werden müssen	X		
1.2.1.10	daß sachbezogene Programmänderungen nur auf Antrag und mit Genehmigung der betreffenden Fachabteilung erfolgen dürfen	X		

FUTH	KATALOG SCHUTZ-/ SICHERUNGSMASSNAHMEN	erstellt am: erstellt durch:		
Nr.	**Maßnahmen**	**Sich.-Verf.**		
		OS	**SS**	**HS**
1.2.1.11	welche Dokumentation je Projektstufe und nach Abschluß des Umstellungsprojekts auszuarbeiten ist, wo diese Dokumentation verwahrt wird und welche Unterlagen die Fachabteilungen und das Rechenzentrum für die Arbeitsabwicklung erhalten	X		
1.2.1.12	daß alle Dokumentationsunterlagen, soweit sie fachbezogen sind, die Freigabevermerke der Fachabteilungen tragen	X		
1.2.1.13	welche Informations- und Kommunikationspflichten zwischen Projektteam auf der einen und Fachabteilungen und Rechenzentrum auf der anderen Seite bestehen	X		
1.2.1.14	daß die Übergabe eines umgestellten Arbeitsgebietes durch ein Übergabeprotokoll dokumentiert wird, das von allen beteiligten Stellen (Projektleiter, Leiter Fachabteilungen, Leiter Arbeitsvorbereitung, Systemprogrammierer, Archivar) abgezeichnet wird	X		
1.2.1.15	daß alle Programmänderungen hinsichtlich Antragstellung, Genehmigung, Auftragsvergabe, Abnahme, Freigabe und Dokumentationsänderung mit Hilfe eines Formulars dokumentiert werden	X		
1.2.1.16	daß geänderte Programme stets mit Versionsnummern zu versehen sind	X		
1.2.1.17	welche Richtlinien und Normen die EDV-Organisatoren (Systemanalytiker) bei den organisatorischen Umstellungsarbeiten einschließlich der Anweisungen für den Datenschutz und die Datensicherung zu beachten haben (Organisationshandbuch)	X		
1.2.1.18	welche Programmiersprachen anzuwenden sind, welche Richtlinien für die Programmstrukturierung gelten, welche Vorschriften über die Verwendung von Unter- und Standardprogrammen zu beachten sind, wie Programm-, Dateinamen usw. zu vergeben sind, welche Dokumentationsunterlagen erstellt werden müssen, welche Vorschriften			

Formular VII/02

Nr.	Maßnahmen	Sich.-Verf. OS	SS	HS
	für den Ablauf des Closed-Shop-Testbetriebes gelten, wie Programmänderungen durchzuführen sind und wie die Zusammenarbeit mit der EDV-Organisation, der Arbeitsvorbereitung und der Systemprogrammierung erfolgt (Programmierer-Handbuch)	X		
1.2.1.19	daß der Abnahmetest für ein Programm nicht von dem Programmierer durchgeführt wird, der das Programm erstellt hat	X		
1.2.1.20	daß bei Programmänderungen auch die Programmdokumentation in allen Unterlagen umgehend geändert wird.	X		
1.2.2.00	<u>Im Bereich der EDV-Abwicklung ist festzulegen und sicherzustellen,</u>			
1.2.2.01	eine geschlossene Konzeption der Belegorganisation mit eindeutiger Regelung von Belegvorbereitung, Belegentstehung, Belegerstellung, Beleglauf und Belegentwertung	X		
1.2.2.02	daß alle Belege mit Belegnummern zu versehen sind	X		
1.2.2.03	daß Belege, die sich mit besonderen wirtschaftlichen Vorgängen (Einnahmen und Ausgaben, Erträgen und Aufwendungen, Kosten und Leistungen u.ä.) befassen, einer besonderen Überwachung unterliegen	X		
1.2.2.04	daß alle Belege im Zeitpunkt ihrer Entstehung und am Ort der zu verrechnenden Vorgänge gewonnen werden	X		
1.2.2.05	daß ein Belegartenplan entwickelt wird, in dem die Nummernzuordnung, die Behandlung, die Buchungsart, die Verantwortlichkeit und die Genehmigungspflicht enthalten sind	X		
1.2.2.06	daß vom Computer abgewiesene Datensätze nur in den Fachabteilungen korrigiert und zum richtigen Zeitpunkt wieder in die Eingabe eingeordnet werden	X		
1.2.2.07	daß anhand von Erfassungsaufträgen, Laufzetteln oder Deckblättern zumindest eine stückzahlmäßige Vollständigkeitskontrolle (im einzelnen auch Mengen- oder Wertkontrollen) durchzuführen ist	X		

FUTH	KATALOG SCHUTZ-/ SICHERUNGSMASSNAHMEN	erstellt am: erstellt durch:		
Nr.	Maßnahmen	Sich.-Verf. OS	SS	HS
1.2.2.08	daß Belegentwertungen nicht wieder aufgehoben werden können	X		
1.2.2.09	daß alle Datenerfassungsbelege nach einheitlichen, organisatorisch zweckmäßigen Gesichtspunkten aufzubauen sind; Erfassungsfelder und Hinweisfelder sind deutlich voneinander zu unterscheiden, die Feldaufteilung muß den Datenträgern angepaßt sein und für jeden Erfassungsbeleg muß eine Ausfüllanweisung bestehen	X		
1.2.2.10	daß bei allen buchhalterischen Vorgängen Gegenkontrollen gemacht werden	X		
1.2.2.11	daß für jede Belegart ein überschaubarer Abstimmkreis vorhanden ist, so daß eine schnelle Einkreisung von Fehlern möglich ist	X		
1.2.2.12	daß alle buchungspflichtigen Geschäftsvorfälle journalisiert werden	X		
1.2.2.13	daß bei buchungspflichtigen Vorgängen die handels- und steuerrechtlichen Vorschriften der Buchführung vollständig beachtet werden	X		
1.2.2.14	daß buchhalterische Belege einschließlich Datenträger entsprechend den Aufbewahrungsfristen sicher aufbewahrt werden	X		
1.2.2.15	daß auf den Transportwegen zwischen Fachabteilungen und Rechenzentrum Belege nicht vernichtet, verändert oder ergänzt werden können; deshalb müssen Termine und Verantwortungen in einem Plan festgelegt und die Belege sicher verpackt und mit Begleitzetteln versehen sein; soweit dies möglich ist, sollte eine Vollständigkeitskontrolle durch Prüfung der ununterbrochenen Belegnummernfolge in der Kontrolle/Abstimmung oder in der EDV-Anlage selbst durchgeführt werden	X		
1.2.2.16	welche Belege nach der Verarbeitung wie, wie lange und wo aufzubewahren sind	X		

Formular VII/02

Nr.	Maßnahmen	Sich.-Verf. OS	SS	HS
1.2.2.17	daß bei der Übertragung der Daten vom Erfassungsbeleg in Datenträger jeder Beleg erfaßt und kein Beleg zweimal erfaßt wird	X		
1.2.2.18	daß gegebenenfalls bereits bei der Erfassung Kontrollsummen gebildet bzw. Kontrollen selbst (z.B. Prüfziffernkontrolle) durchgeführt werden	X		
1.2.2.19	daß ausreichende Prüfungen und Kontrollen je Eingabesatz durchgeführt werden, und zwar entweder manuell vor der Erfassung, manuell/maschinell während der Erfassung oder maschinell mit Hilfe von Prüfprogrammen in der EDV-Anlage	X		
1.2.2.20	daß für alle Aktivitäten der Datenerfassung, Dateneingabe, Stammdatenänderung, Korrektur von Fehlerprotokollen und Interpretation von Computerlisten schriftliche und eindeutige Arbeitsanweisungen, ergänzt durch entsprechende Belegmuster, vorliegen	X		
1.2.2.21	daß ein Gesamtterminplan für wiederkehrende Arbeiten in Fachabteilungen und Rechenzentrum vorhanden ist	X		
1.2.2.22	wer bei abweichenden Vorgängen (Ausnahmen, Computerabbrüchen usw.) in Fachabteilungen und Rechenzentrum verantwortlich ist	X		
1.2.2.23	daß die Steuerung aller Arbeiten im Rechenzentrum aufgrund von Termin- und Belegungsplänen erfolgt	X		
1.2.2.24	daß die Arbeiten auf der EDV-Anlage lückenlos und mit den entsprechenden Arbeits- und Störungsschlüsseln manuell oder maschinell dokumentiert werden	X		
1.2.2.25	daß alle Planungs- und Vorbereitungsarbeiten nicht von den Operateuren, sondern durch die Arbeitsvorbereitung erfolgen	X		
1.2.2.26	daß alle Stellen des Rechenzentrums nach schriftlichen Arbeits- und Bedienungsanleitungen arbeiten	X		
1.2.2.27	daß der Belegdurchfluß (mit Hilfe von Begleitscheinen oder Durchlaufzetteln) in allen Stufen der Fachabteilungen und des Rechenzentrums festgehalten wird	X		

FUTH	KATALOG SCHUTZ-/ SICHERUNGSMASSNAHMEN	erstellt am: erstellt durch:		
Nr.	**Maßnahmen**	**Sich.-Verf.**		
		OS	**SS**	**HS**
1.2.2.28	daß erfaßte Belege und bearbeitete Datenträger genauso wie alle Programmläufe und bearbeiteten Dateien (durch Entwertungen, Protokolle, Logbücher, Generationsnummern usw.) gekennzeichnet werden	X		
1.2.2.29	daß über die Konsole der EDV-Anlage nur Steueranweisungen, jedoch keine Daten von Hand eingegeben werden	X		
1.2.2.30	daß alle Vorgänge auf der EDV-Anlage manuell oder (besser maschinell) protokolliert werden	X		
1.2.2.31	daß alle Maschinenprotokolle zweifach bedruckt und endlos numeriert werden (das Original für Prüfzwecke)	X		
1.2.2.32	daß für jede Datei und jeden Datenträger die Sicherheitsvorschriften (Drei-Generationen-Prinzip, Duplizierung, Auslagerung, besonderer Verschluß, Schreibringentfernung, Kennsatzprüfungen u.a.) beachtet werden	X		
1.2.2.33	daß Druckbänder ohne Genehmigung nicht mehrfach ausgedruckt werden können	X		
1.2.2.34	daß nicht mehr benötigte Dateien, sofern sie besonderen gesetzlichen oder betrieblichen Bestimmungen unterliegen, sofort gesperrt oder gelöscht werden	X		
1.2.2.35	daß fehlerhafte Ausdrucke sofort und unter Aufsicht vernichtet werden	X		
1.2.2.36	daß das Drucken vertraulicher oder geheimer Daten gegen Einblicke geschützt ist	X		
1.2.2.37	daß Vordruck-Formulare verschlossen gelagert und besonders geschützt werden	X		
1.2.2.38	daß Listen und Formulare sofort nach dem Druck separiert und geschnitten und anschließend ohne Zwischenlagerung an die betreffenden Fachabteilungen weitergegeben werden	X		

Formular VII/02

Nr.	Maßnahmen	Sich.-Verf.		
		OS	SS	HS
1.2.2.39	daß aufbewahrungspflichtige Belege und Datenträger umgehend den Fachabteilungen zugeleitet werden	X		
1.2.2.40	daß Eingabe- und Fehlerprotokolle nur in den betreffenden Fachabteilungen korrigiert werden	X		
1.2.2.41	daß Störungen des Maschinenablaufs sowohl im Logbuch (mit Störungsmerkmalen) als auch gesondert auf einer Störungsmeldung festgehalten werden	X		
1.2.2.42	daß Magnetplatten und Magnetbänder ordnungsgemäß verwaltet, disponiert und gelagert werden; die Verwaltung erfolgt getrennt für dispositive Datenträger (Originalarchiv) und ausgeliehene Datenträger; je Datenträger sollte eine Bewegungskarte (nach Dateinummern geordnet) und eine Ausleihekarte (nach Archivnummern geordnet) vorhanden sein; die Lagerung erfolgt in verschlossenen Regalen oder Schränken, am besten nach Archivnummern geordnet	X		
1.2.2.43	daß Eingabe- und Ausgabekontrollen sowie die Überwachung der Anlieferung von Belegen und Datenträgern sowie die Ablieferung von Formularen und Listen durch eine besondere Belegstelle (Kontrolle/Abstimmung) im Rechenzentrum erfolgen	X		
1.2.2.44	daß das Kohlepapier von Endlosformularen vertraulicher und geheimer Berichte nach dem Trennvorgang sofort vernichtet wird	X		
1.2.2.45	daß fehlerhafte Ausgaben (auf Datenträgern oder Listen) sofort gelöscht bzw. zerschnitten werden	X		
1.2.2.46	daß Konsol- und Systemprotokolle laufend geprüft und ausgewertet werden	X		
1.2.2.47	daß Testprogramme nicht in die Original-Programmbibliothek aufgenommen und keine Originaldaten für Testzwecke benutzt werden (über Schlüssel-Kennzeichen)		X	
1.2.2.48	daß zum Band- und Plattenarchiv ausschließlich autorisierte Personen, die für das Archiv zuständig sind, Zutritt haben	X		

FUTH	KATALOG SCHUTZ-/ SICHERUNGSMASSNAHMEN	erstellt am: erstellt durch:		
Nr.	Maßnahmen	Sich.-Verf. OS	SS	HS
1.2.2.49	daß archivierte Datenbestände in regelmäßigen Abständen auf Vollständigkeit geprüft werden.	X		
1.3.0.00	Maßnahmen der EDV-Personalorganisation			
1.3.1.00	Im Bereich des Personalwesens ist festzulegen und sicherzustellen,			
1.3.1.01	daß (als oberster Grundsatz aller personellen Sicherungsmaßnahmen) alle Abteilungsfremde vom Rechenzentrum ferngehalten und die Mitarbeiter der EDV-Abteilung selbst bei allen Aktionen (aufgrund von Arbeitsteilung, Protokollierung, Quittierung usw.) einwandfrei identifiziert werden können	X		
1.3.1.02	daß alle Führungs- und Schlüsselpositionen mit verläßlichen Mitarbeitern besetzt sind	X		
1.3.1.03	daß Mäntel und Taschen außerhalb des RZ-Sicherheitsbereiches deponiert werden	X		
1.3.1.04	daß Mitarbeiter in Schlüsselpositionen (Systemprogrammierer, Datenbankverwalter, u.ä.) im Einzelfall persönlich überwacht werden	X		
1.3.1.05	daß bei Bewerbern Lücken im Beschäftigungsnachweis genau geklärt werden	X		
1.3.1.06	daß Bewerber, die sehr oft einen Stellenwechsel vornehmen, kritisch beurteilt werden	X		
1.3.1.07	daß Bewerber über Freiheitsstrafen oder sonstige anhängige Verfahren innerhalb der letzten 5 Jahre befragt werden	X		
1.3.1.08	daß besonders aufwendige Hobbys von Bewerbern erforscht werden	X		
1.3.1.09	daß eventuelle finanzielle Schwierigkeiten des Bewerbers aufgedeckt werden	X		
1.3.1.10	daß Lohn- oder Gehaltspfändungen gegen den Bewerber überprüft werden	X		

Formular VII/02

Nr.	Maßnahmen	Sich.-Verf. OS	SS	HS
1.3.1.11	daß nach im gleichen Betrieb beschäftigten Verwandten oder Freunden des Bewerbers gefragt wird	X		
1.3.1.12	daß Referenzen über den Bewerber bei früheren Arbeitgebern eingeholt werden	X		
1.3.1.13	daß künftige Job-Rotation und Schichtarbeit vertraglich abgedeckt werden	X		
1.3.1.14	daß die Möglichkeiten einer bewußten Einschleusung überprüft werden	X		
1.3.1.15	daß bei Ausländern die Zugehörigkeit zu bestimmten Organisationen bei der Einstellung überprüft wird	X		
1.3.1.16	daß bei exponierten Positionen polizeiliche Führungszeugnisse verlangt werden	X		
1.3.1.17	daß in den Arbeitsverträgen bei Mitarbeitern in Schlüsselpositionen möglicherweise Konkurrenzklauseln vereinbart werden	X		
1.3.1.18	daß durch eine fortlaufende, systematische Weiterbildung Nachlässigkeiten des Rechenzentrumspersonals verhindert und die Sicherheit erhöht werden	X		
1.3.2.00	Im Bereich der Personalführung ist festzulegen und sicherzustellen,			
1.3.2.01	daß für die EDV-Abteilung die gleichen Führungsgrundsätze wie für das gesamte Unternehmen gelten	X		
1.3.2.02	daß alle Umstellungsarbeiten nach den Grundsätzen des Projektmanagements vorgenommen werden	X		
1.3.2.03	daß für die Personalführung im EDV-Bereich ein Führungssystem mit den Prinzipien von Delegation, Motivation, Kontrolle, Gehaltsstruktur, planvolle Weiterbildung und systematische Mitarbeiterbeurteilung geschaffen wird	X		
1.3.2.04	welche Mitarbeiter im Rechenzentrum Dateien mit vertraulichem Inhalt oder Geschäftsgeheimnissen handhaben dürfen	X		

FUTH	KATALOG SCHUTZ-/ SICHERUNGSMASSNAHMEN	erstellt am: erstellt durch:		
Nr.	Maßnahmen	Sich.-Verf.		
		OS	SS	HS
1.3.2.05	daß alle Mitarbeiter im EDV-Bereich Anstellungsverträge, aktuelle Stellenbeschreibungen und Anforderungsprofile haben	X		
1.3.2.06	daß in der Arbeitsordnung und den Stellenbeschreibungen, soweit dies erforderlich ist, spezielle Sicherheitsbelange und die Forderungen des BDSG berücksichtigt werden	X		
1.3.2.07	daß für besonders sicherheitsrelevante Bereiche Sonderausweise ausgestellt werden	X		
1.3.2.08	daß Werks- und Sonderausweise vor Veränderungen, Fälschungen und Mißbrauch geschützt sind	X		
1.3.2.09	daß der Verlust eines Ausweises glaubhaft nachzuweisen ist und die Ausstellung eines Ersatzausweises erschwert wird	X		
1.3.2.10	daß alle Führungs- und Fachkräfte der EDV-Abteilung (innerhalb ihrer Vertraulichkeitsstufe) schriftlich zur Geheimhaltung vertraulicher und betrieblicher Informationen verpflichtet werden	X		
1.3.2.11	daß die Fragen von Personalersatz und Stellenvertretung eindeutig geregelt sind	X		
1.3.2.12	daß für sicherheitsrelevante Aufgaben möglicherweise ein systematischer Arbeitsplatztausch durchgeführt wird	X		
1.3.2.13	daß Mitarbeiter, die sich oft um Tätigkeiten außerhalb ihres eigentlichen Aufgabengebietes kümmern, aufmerksam beobachtet werden	X		
1.3.2.14	daß Gründen für große Urlaubsrückstände u. nur tageweise genommenen Urlaub gezielt nachgegangen wird	X		
1.3.2.15	daß auffällige Überstunden-Situationen überprüft werden	X		
1.3.2.16	daß gekündigten Mitarbeitern, mit denen eine Zusammenarbeit nicht mehr zumutbar ist oder die ein Sicherheitsrisiko darstellen, mit sofortiger Wirkung das Betreten des Rechenzentrums untersagt wird	X		

Formular VII/02

Nr.	Maßnahmen	Sich.-Verf. OS	SS	HS
1.3.2.17	daß Mitarbeiter, die sich übergangen oder ungerecht behandelt fühlen, im Einzelfalle besonders beobachtet werden	X		
1.3.2.18	daß beim Ausscheiden von Mitarbeitern die Rückgabe von Schlüsseln, Ausweisen und vertraulichen Unterlagen sowie die Löschung von zugeteilten Sicherheitscodes mit Hilfe einer Checkliste wirksam überwacht werden.	X		
2.0.0.00	Objektbezogene Schutz-/Sicherungsmaßnahmen			
2.1.0.00	Maßnahmen zur Sicherung der Anlagen und Einrichtungen			
2.1.1.00	Bei Gebäuden und Räumen			
	Bautechnische Maßnahmen			
2.1.1.01	Als RZ-Gebäude eignet sich vorteilhaft ein freistehender, bunkerähnlicher Gebäudekomplex, der sich am besten gegenüber schädigenden Einwirkungen benachbarter Gefahrenquellen abschirmen läßt.			X
2.1.1.02	Das RZ-Gebäude sollte ein eigener Brandabschnitt und feuerbeständig oder feuerhemmend sein.			X
2.1.1.03	Ist das Rechenzentrum nicht in einem eigenen Gebäude untergebracht, so ist zu verhindern, daß aus den umgebenden Räumen Wasser in das Rechenzentrum eindringen kann.			X
2.1.1.04	Beim Bau oder Ausbau des Rechenzentrums sollten die behördlichen Bauvorschriften und feuerhemmenden Maßnahmen nach DIN 4102 beachtet werden; Hinweise geben außerdem die von der Münchener "Tela-Versicherungs-AG für technische Anlagen" herausgegebene Zusammenfassung und Schadensverhütungsmaßnahmen für Rechenzentren, beziehbar als Sonderdruck aus dem Allianz-Handbuch der Schadensverhütung, und das Merkblatt "Brandschutz in den Räumen für elektronische Datenverarbeitungsanlagen (EDVA)", aufgestellt vom Verband der Sachversicherer gemeinsam mit dem Bundesverband der Deutschen Industrie.			X

FUTH	KATALOG SCHUTZ-/ SICHERUNGSMASSNAHMEN	erstellt am: erstellt durch:		
Nr.	Maßnahmen	Sich.-Verf.		
		OS	SS	HS
2.1.1.05	RZ-Gebäude sollten mit einer Blitzschutzanlage nach den Bestimmungen des Ausschusses für Blitzableiterbau (ABB) versehen sein.			X
2.1.1.06	EDV-Anlagen sollten nicht hinter Schaufenstern präsentiert werden; Glasflächen lassen sich nicht nur leicht zerstören, sie begünstigen auch Sabotage und Terrorakte und erschweren eine elektromagnetische Abschirmung des Rechenzentrums; sofern Außenfenster vorhanden oder vorgesehen sind, sollten sie aus Panzer-Mehrscheibenisolierglas oder Glasbausteinen bestehen und zusätzlich durch Stahlgitter oder Stahl- bzw. Aluminium-Profilrolladen geschützt sein.			X
2.1.1.07	Eingangstüren sollten Metallrahmentüren sein, ausgestattet mit Glaseinsätzen aus Panzerglas oder mit einer Panzerisolierglaseinheit; gegebenenfalls sind diese Türen zusätzlich durch Roll- oder Scherengitter zu sichern.			X
2.1.1.08	Als Zugangstüren verwendet man am besten Massivholztüren, verstärkt durch Tiefziehblech, oder feuerbeständige Normtüren mit Stahlblechverstärkung; sie sollten mit massiven Schubriegeln gesichert sein.			X
2.1.1.09	Zum Verschließen der Türen werden wahlweise Zuhaltungsschlösser mit mindestens sechs symmetrischen Zuhaltungen, Zuhaltungsschlösser, die mit zusätzlichen Sperrelementen ausgestattet sind, und Schwenkriegelschlösser bzw. Schließzylinder nach DIN 18252 mit Aufbohrsicherung empfohlen.			X
	<u>Inneneinrichtungen</u>			
2.1.1.10	Soweit funktionsmäßig und baulich möglich, sollten Trennwände aus nicht brennbaren Stoffen als Unterteilung vorgesehen werden.			X
2.1.1.11	Alle Teile der Raumausstattung sollten aus nicht brennbarem bzw. schwer entflammbarem			

Formular VII/02

Nr.	Maßnahmen	Sich.-Verf. OS	SS	HS
	und nicht schwelbarem Material bestehen (Vorsicht vor PVC-Materialien).			X
2.1.1.12	Der Ableitwiderstand des Bodenbelages sollte so gewählt sein, daß es nicht zu elektrostatischen Aufladungen kommt.			X
	<u>Elektrische Installationen</u>			
2.1.1.13	Elektrische Installationen sind nach den Regeln der Elektrotechnik zu errichten und zu unterhalten; es wird empfohlen, die in VDE 0100 aufgeführten Maßnahmen sinngemäß anzuwenden.			X
2.1.1.14	Leuchten mit Entladungslampen sind nur zulässig, wenn die Vorschaltgeräte außerhalb des Rechenzentrums untergebracht sind.			X
2.1.1.15	In allen Notsituationen müssen die EDV-Anlagen, Versorgungseinrichtungen und sonstigen elektrischen Installationen (mit Ausnahme der Notbeleuchtung) gut manuell abschaltbar sein; die Notschalter sind gegen Versehen und Mißbrauch zu schützen.			X
2.1.1.16	Bei längeren Betriebsunterbrechungen ist die gesamte elektrische Anlage, z.B. durch Betätigung des Hauptschalters, spannungslos zu machen.			X
2.1.1.17	Sonstige elektrische Einrichtungen sind mit Schutzschaltern gegen Übertemperatur auszustatten.			X
2.1.1.18	Leitungen für Nutz- oder Heizungswasser sowie für Gas oder Dampf sind außerhalb des Rechenzentrums zu verlegen oder in besonderer Weise zu sichern; nur die für das Rechenzentrum erforderlichen Anschlußleitungen sind in die Räume zu führen; sie müssen absperrbar sein.			X
2.1.1.19	Als elektrische Einbruchmeldeanlagen kommen in Betracht: elektronische Türsicherungs- und Zugangsüberwachungssysteme, Einbruchmeldeanlagen mit Überwachungskontakten und Raumschutzanlagen, die entweder mit Infrarotstrahlen, Ultraschall oder Mikrowellen arbeiten; alle Einbruchmeldeanlagen müssen mit dem Polizeinotruf oder			

FUTH	KATALOG SCHUTZ-/ SICHERUNGSMASSNAHMEN	erstellt am: erstellt durch:		
Nr.	Maßnahmen	Sich.-Verf. OS	SS	HS
	akustischen Alarmanlagen gekoppelt sein.			X
	Feuerlösch- und Feuermeldeanlagen			
2.1.1.20	Sofern ortsfeste Feuerlöschanlagen eingebaut sind, müssen die besonderen Vorschriften des Verbandes der Sachversicherer berücksichtigt werden.			X
2.1.1.21	Alle Schächte, Filter und Öffnungen müssen wirksam gegen Sabotage, Feuer, Wasser und Rauchentwicklung geschützt sein.			X
2.1.1.22	Kabeldurchführungen durch feuerbeständige Gebäudeteile sollten rauchdicht oder mindestens feuerhemmend abgeschlossen sein.			X
2.1.1.23	In allen Räumen des Rechenzentrums sowie im Doppelboden und in den Kanälen der Klimaanlagen sollten automatische Feuermelde- und Rauchmeldeanlagen sowie genügende (automatische oder manuelle) Feuerlöscheinrichtungen vorhanden sein; als automatische Feuerlöscheinrichtungen sind selbsttätig wirkende Ionisationsfeuermelder besonders geeignet; die Feuermelde- und Rauchmeldeanlagen sollten mit den Klimaanlagen gekoppelt sein, die den Rauch aus den Räumen absaugen können.			X
2.1.1.24	Ist die CO_2-Feuerlöschanlage auch während des RZ-Betriebs auf Automatik geschaltet, so muß durch Alarmsignale sichergestellt sein, daß das Personal die Räume rechtzeitig vor dem Löschvorgang verlassen kann.			X
2.1.1.25	Das Alarmsignal jedes Feuer- und Rauchmelders sollte automatisch die Klimaanlage außer Betrieb setzen, die Feuerschutzklappen in den Klimakanälen schließen und die EDV-Anlagen abschalten (aber Einschränkungen bei Personalanwesenheit wegegen Vergiftungsgefahr).			X
2.1.1.26	In allen Räumen des Rechenzentrums müssen, über die automatischen Feuerlöscheinrichtungen hinaus, genügend CO_2-Handfeuerlöscher vorhanden sein; CO_2-Löscher soll-			

Formular VII/02

Nr.	Maßnahmen	Sich.-Verf. OS	SS	HS
	ten mit Nebeldüsen ausgerüstet sein (sh. auch Merkblatt für die Ausrüstung der Betriebe mit Feuerlöschern, Form 2001, herausgegeben vom Verband der Sachversicherer e.V., Köln).			X
2.1.1.27	Bei Feueralarm und sonstigen Katastrophenfällen sind (möglichst automatisch) die betriebliche oder örtliche Feuerwehr und alle betrieblichen Stellen (Werkschutz, Betriebsarzt, Geschäftsführung usw.) zu benachrichtigen; es sollte geregelt sein, wer die Maßnahmen koordiniert.	X		X
2.1.1.28	Über die Errichtung und den Betrieb von Feuermeldeanlagen bestehen ebenfalls besondere Vorschriften des Verbandes der Sachversicherer.	X		
2.1.1.29	Alle Räume des Rechenzentrums müssen gut gekennzeichnete Fluchtwege aufweisen.	X		X
	<u>Aufbewahrung von Datenträgern</u>			
2.1.1.30	In den Arbeitsräumen sollten sich nur diejenigen Datenträger befinden, die unmittelbar für den Arbeitsablauf gebraucht werden; alle übrigen Datenträger sind in einem besonderen Räum unterzubringen, der allseitig feuerbeständig abgetrennt ist; auch dieser Raum ist mit Rauchmeldern zu versehen und in den Schutz der automatischen Feuerlöschanlage einzubeziehen; für die Inneneinrichtung sind nicht brennbare Materialien zu verwenden.			X
2.1.1.31	Alle Magnetbänder und Magnetplatten sind nach Benutzung verschlossen aufzubewahren.			X
2.1.1.32	Datenschränke für die Lagerung von Magnetbändern und Magnetplatten sollten nach dem VDMA-Einheitsblatt 24991 vom Institut für Baustoffkunde und Stahlbetonbau der Technischen Universität Braunschweig auf Qualität und Güte getestet sein; hiernach beträgt die Beflammungsdauer, also die Standhaftigkeit gegenüber Feuereinwirkungen, bis zu 2 Stunden, und die höchst zulässige Temperatur 75°C; außerdem sind strenge Anforderungen an die Tür, bezogen auf Hitzebeständigkeit, Dehnung, Schrumpf und Elastizität, zu stellen.			X

FUTH	KATALOG SCHUTZ-/ SICHERUNGSMASSNAHMEN	erstellt am: erstellt durch:		
Nr.	Maßnahmen	Sich.-Verf.		
		OS	SS	HS
	<u>Betriebliche Maßnahmen</u>			
2.1.1.33	Für alle Räume des RZ-Sicherheitsbereichs (Maschinenräume, Versorgungsräume, Archiv) ist ein absolutes Rauchverbot zu erlassen.	X		
2.1.1.34	Listen, Formulare und sonstiges Papier sollten nicht für längere Zeit in den Maschinenräumen gelagert werden.	X		
2.1.1.35	Es dürfen auf keinen Fall brennbare Putzmittel verwendet werden.	X		
2.1.1.36	In jedem Rechenzentrum sollte ein aktuelles und jedem Mitarbeiter bekanntes Katastrophenhandbuch vorhanden sein; es muß mit allen betreffenden Stellen abgestimmt sein und darüber Auskunft geben, welche Maßnahmen in welcher Reihenfolge und von wem zu treffen sind.	X		
2.1.1.37	Etwa zweimal jährlich ist der Ernstfall für den Katastrophenschutz zu proben, weil nur auf diese Weise die Wirksamkeit eines Katastrophenschutzes überprüft und sichergestellt werden kann.	X		
2.1.1.38	Für den Sicherheitsbereich (Maschinenräume, Datenerfassungsraum, Datenträgerarchiv, Räume für Stromversorgungs- und Klimaanlagen) ist ein absoluter Closed-Shop-Betrieb mit entsprechenden organisatorischen Maßnahmen festzulegen.	X		
2.1.1.39	Die Zugangssicherung zu den Räumen des Sicherheitsbereichs ist durch eine Personenkontrolle, besser durch eine Ausweiskontrolle gekoppelt mit automatischer Türöffnung, Lichtschranken o.ä., zu gewährleisten.	X		X
2.1.1.40	Für die An- und Ablieferung von Datenträgern, Listen und Formularen ist eine Belegschleuse einzurichten; es ist festzulegen, wer wann welche Räume betreten darf; befugte Personen sind mit einem Ausweis auszustatten.	X		X

Formular VII/02

Nr.	Maßnahmen	Sich.-Verf. OS	SS	HS
2.1.1.41	Taschen und Mäntel des RZ-Personals sind außerhalb des Sicherheitsbereichs aufzubewahren.			X
2.1.1.42	Es ist festzulegen, wer während der Dienstzeit welche Schlüssel besitzen darf und wo sie nach Dienstschluß zu deponieren sind.	X		
2.1.1.43	Auch für die anderen Räume außerhalb des Sicherheitsbereichs im und außerhalb des Rechenzentrums (Personalräume für EDV-Organisatoren und Programmierer, Lagerräume für Verbrauchsmaterial, Archive für die Auslagerung von Datenträgern und Dokumentationsunterlagen u.a.) sind entsprechende, abgestufte Sicherungsmaßnahmen zu ergreifen.	X		X
2.1.2.00	Bei EDV-Anlagen, DE-Geräten und DFÜ-Einrichtungen			
2.1.2.01	Physisch ausreichende Sicherung der EDV-Anlagen, DE-Geräte und DFÜ-Einrichtungen gegen Katastrophen (Feuer, Wasser, Sturm, Rauch, Gase, Einbruch, Sabotage, Terrorakte).			X
2.1.2.02	Einhaltung der Installations-, Bedienungs- und Wartungsvorschriften der Hersteller.	X		
2.1.2.03	Einhaltung der Bestimmungen des Verbandes der Sachversicherer e.V.	X		
2.1.2.04	Elektromagnetische Abschirmung der Anlagen, Geräte und Einrichtungen, soweit erforderlich.			X
2.1.2.05	Sicherung der Betriebsbereitschaft durch Teil- oder Vollduplexanlagen, Ausweichrechenzentren (unter Beachtung der Konfiguration, Kompatibilität und fremden Sicherheitsvorschriften) oder manuelle Ausweichorganisation mit entsprechenden organisatorischen Maßnahmen, die sicherstellen sollen, daß über eine bestimmte Zeit die wichtigsten Abläufe des Unternehmens (Produktion, Zahlungsverkehr usw.) aufrechterhalten werden können.	X		
2.1.2.06	Vollständige Dokumentation aller Benutzer der Anlagen, Geräte und Einrichtungen sowie der Benutzungsart (Originalläufe,			

FUTH	KATALOG SCHUTZ-/ SICHERUNGSMASSNAHMEN	erstellt am: erstellt durch:		
Nr.	**Maßnahmen**	**Sich.-Verf.**		
		OS	**SS**	**HS**
	Wiederholungen, Tests, Störungen usw.).	X		
2.1.3.00	<u>Bei Stromversorgungs- und Klimaanlagen</u>			
2.1.3.01	Soweit die EDV-Anlagen an das öffentliche Netz angeschlossen sind, sollten sie durch eine von den Datenerfassungsgeräten, Klimaanlagen usw. getrennte und abgesicherte Hauptleitung versorgt werden.			X
2.1.3.02	Soweit ein Netzausfall für kurze oder längere Zeit nicht akzeptabel ist (insbesondere bei Systemen mit Echtzeitverarbeitung), muß für eine geeignete unterbrechungsfreie Stromversorgung gesorgt werden; entscheidend für den Typ und die Auslegung der Stromversorgungsanlage sind die notwendige elektrische Leistung, die geforderte mittlere fehlerfreie Betriebszeit und die erforderliche Überbrückungszeit bei Netzausfall; bei zusätzlichem Einsatz von Dieselaggregaten, die den Betrieb für praktisch beliebig lange Zeit aufrecht erhalten können, ist zu beachten, daß bei längeren Netzausfällen auch die Klimaanlage, die Notbeleuchtung und die Feuermeldeanlagen von der Netzersatzanlage mit Strom versorgt werden; außerdem muß bei Einsatz von Dieselaggregaten für eine sichere Führung der Zuluft- und Abgaskanäle gesorgt werden.			X
2.1.3.03	Für die Klimatisierung ist das Merkblatt "Klimatisierung von DV-Räumen und Nebenräumen", Bundesministerium des Innern (Herr Wortmann), Postfach, 53 Bonn 7, zu empfehlen.	X		
2.1.3.04	Sehr wichtig für eine sichere Klimatisierung ist eine für die EDV-Anlage separate Klimaanlage mit den benötigten Werten für Temperatur, Feuchtigkeit und Staubfreiheit.			X
2.1.3.05	Die Klimaanlage ist mittelbar zu beheizen.			X
2.1.3.06	Über- und Unterschreitungen der zulässigen Klimawerte müssen durch eine unabhän-			

Formular VII/02

Nr.	Maßnahmen	Sich.-Verf. OS	SS	HS
	gig von der Klimaanlage arbeitende Signalanlage optisch und akustisch angezeigt werden und gegebenenfalls zur automatischen Abschaltung der EDV-Anlage führen.			X
2.1.3.07	Die Klimaanlage muß von Hand abschaltbar sein; der Schalter sollte sich an der gleichen Stelle befinden wie der Schalter für die Unterbrechung der Stromzuführung zur EDV-Anlage und ist ebenfalls gegen Fehler und Mißbrauch zu sichern.	X		X
2.1.3.08	Da der Ausfall der Klimaanlage in der Regel nach kurzer Zeit zum erforderlichen Abschalten der EDV-Anlage führt, müssen an die Klimaanlage und ihre regelmäßige Wartung ähnlich hohe Anforderungen wie an das EDV-System selbst gestellt werden; dies gilt sowohl für die Klimaanlage selbst wie für ihre Unterbringung und für die Sicherung ihrer Wasserzufuhr, Stromversorgung sowie der Zuluft- und Abluftvorrichtungen.			X
2.1.3.09	Die Klimakanäle für Zu- und Abluft sind an den Ein- und Austrittsstellen durch Brandschutzklappen zu sichern, die automatisch von der Brandmeldeanlage geschlossen werden; das Schließen ist akustisch oder optisch anzuzeigen, und die Brandschutzklappen sind gegen eine manuelle Betätigung zu sichern.			X
2.1.3.10	Die Öffnungen der Klimakanäle müssen feuerhemmend gestaltet sein.			X
2.1.3.11	Die Klimakanäle müssen, genauso wie ihre Auskleidungen und Isolierungen, aus nicht brennbarem Material gefertigt sein.			X
2.1.3.12	Alle Räume des Rechenzentrums sollten die richtige Temperatur und relative Feuchtigkeit aufweisen; zu prüfen sind hier: die Wärmeverteilung im Raum, die Zulufttemperatur der Computereinheiten, die Ablufttemperatur der Computereinheiten, die Frischluft, Abluft und Luft außerhalb des Maschinenraums, das Luftbewegungsschema, die Luftbefeuchtungsanlage, die Kühl- und Heizvorrichtungen, die sonstigen wärmeerzeugenden Faktoren und die Luftgeschwindigkeiten.			X

FUTH	KATALOG SCHUTZ-/ SICHERUNGSMASSNAHMEN	erstellt am: erstellt durch:		
Nr.	Maßnahmen	Sich.-Verf.		
		OS	SS	HS
2.1.3.13	Alle Räume des Rechenzentrums sollten gegen Luftverunreinigung geschützt sein; zu prüfen sind hier: die luftbeweglichen quantitativen und qualitativen Partikel, die Strömungsverhältnisse, die Luftfiltrierung, der Klimaraum und die Klimaanlage, die Luftkanäle, die Doppeldecke, die internen Oberflächen, die Doppelböden, die freistehenden Klimageräte, die Computereinheiten, die Datenträger und der Luftdruck.			X
2.2.0.00	<u>Maßnahmen zur Sicherung der Systeme</u>			
2.2.1.00	<u>Bei Arbeitsabläufen</u>			
2.2.1.01	Festlegung der Risikoklasse des betreffenden Ablaufs oder von Teilen eines Arbeitsablaufs: E = einfaches Sicherheitsbedürfnis (betriebsinterne Daten) M = mittleres Sicherheitsbedürfnis (vertrauliche Daten) H = hohes Sicherheitsbedürfnis (geheime und streng vertrauliche Daten).	X		
2.2.1.02	Verantwortungsabgrenzung zwischen Fachabteilungen und EDV-Abteilung; zu den Verantwortungsbereichen der Fachabteilungen gehören: - Freigabe von Umstellungen, Programmen und Änderungen - Korrektur von Eingabe- und Fehlerprotokollen - Änderung von Stamm- und Bestandsdaten - direkte Eingabe von Daten.	X		
2.2.1.03	Einrichtung eines Abstimmsystems, mit dem die Vollständigkeit des Datenflusses kontrolliert werden kann.	X		

Formular VII/02

Nr.	Maßnahmen	Sich.-Verf. OS	SS	HS
2.2.1.04	Sicherung der Arbeitsabläufe durch Dokumentation, im einzelnen - System- und Programmdokumentation (ablauf- und problembezogen) - Arbeitsunterlagen (für die Handhabung des Systems und der Programme in Fachabteilungen und Rechenzentrum).	X		
2.2.1.05	Festlegung von Maßnahmen, die sicherstellen sollen, daß mit jeder Programmänderung auch die Dokumentationsunterlagen geändert werden.	X		
2.2.1.06	Neben der physischen Sicherung von Datenstationen (durch Sicherheitsschloß o.ä.) ist zu prüfen, ob ein Benutzer legitimiert ist, Daten mit Hilfe einer bestimmten Datenstation einzugeben oder abzurufen (Benutzeridentifikation); die Benutzeridentifikation kann nur durch einen Vergleich zwischen der Person, die eine Datenstation benutzt, und der autorisierten Person erfolgen; hierzu müssen Identifikationsmerkmale vorhanden sein, die eindeutig zuzuordnen, prägnant, nicht ohne weiteres imitierbar und maschinenlesbar sind.	X	X	X
2.2.1.07	Die Benutzeridentifikation läßt sich durchführen durch:			
	- Hardware-Sicherungen, im einzelnen			X
	1. Terminalschlüssel (relativ wenige Kombinationsmöglichkeiten, geringe Fälschungssicherheit) 2. Maschinell lesbare Ausweise (bessere Kombinationsmöglichkeit, höhere Fälschungssicherheit, Verlustmöglichkeit) 3. Stimmprofile, Fingerabdrücke, Bildauswertung (noch im Entwicklungsstadium).			
	- Software-Sicherungen, im einzelnen		X	
	1. Listenverfahren (einfache Angabe von Namen und Vornamen)			

FUTH	KATALOG SCHUTZ-/ SICHERUNGSMASSNAHMEN	erstellt am: erstellt durch:		
Nr.	**Maßnahmen**	**Sich.-Verf.**		
		OS	**SS**	**HS**
	2. Kennwortverfahren (es wird die Angabe eines vereinbarten Codewortes verlangt) 3. Erweitertes Kenntwort-Verfahren (das Kennwort wird durch eine Zufallszahl erweitert, die nach jeder Benutzung durch Programm geändert wird) 4. Frage-Antwort-Verfahren (das Verfahren wählt Fragen aus einer während der Autorisierung erstellten Liste aus, die der Benutzer beantworten muß).			
	- Orgware-Sicherungen, im einzelnen	X		
	1. Personenkontrolle durch Kontrollperson 2. Ausweiskontrolle. Als gegenwärtig sicherste und wirtschaftlichste Lösung sind fälschungssichere Ausweise anzusehen, wobei - vor allem bei Benutzerwechsel - noch zusätzlich eine Identifizierungsroutine durchlaufen werden kann.		X	X
2.2.1.08	Die eindeutige Identifizierung aller wesentlichen Systemelemente (Benutzer, Datenstation, Programme, Computereinheiten und Datenbestände) ist unabdingbare Voraussetzung für die Realisierung einer wirksamen Zugriffskontrolle.		X	X
2.2.1.09	Die Benutzeridentifikation muß durch eine Prüfung der Zugriffsbrechtigung ergänzt werden, die prüft, wer zu welchen Daten und mit welcher Zugriffsart (Lesen, Löschen, Ändern, Schreiben) zugreifen darf.		X	
2.2.1.10	Ein Sicherungssystem für die Prüfung der Zugriffsberechtigung sollte folgende Sicherungen enthalten: - Tabellen von Zugriffsberechtigungsprofilen und -klassen		X	

Formular VII/02

Nr.	Maßnahmen	Sich.-Verf.		
		OS	SS	HS
	- eine systemgesteuerte Kontrolle der Zugriffsberechtigungen		X	
	- die einwandfreie Identifikation von Benutzer, Datenstation, Programm, Datenträger, Berechtigungsumfang (Felder, Segmente, Sätze, Dateien, Datenbankbereiche) und Berechtigungsstufe (Lesen, Speichern, Ändern, Löschen)		X	
	- die Löschung freigegebener Speicherplätze, um unberechtigtes Lesen zu verhindern		X	
	- die Erstellung von Aufzeichnungen, Sicherheitsprotokollen und Berichten für den Sicherheitsbeauftragten			X
	- die Kontrolle des Sicherheitsbeauftragten in besonderen Fällen mittels einer Datenstation (security terminal)			X
	- die Alarmauslösung bei Sicherheitsverletzungen (z.B. bei mehrfacher Eingabe eines falschen Kennworts); Beispiel für die Prüfung der Zugriffsberechtigung siehe am Schluß dieses Kapitels.			X
2.2.1.11	Daten, die einem besonderen Geheimnisschutz unterliegen, sollten verschlüsselt übertragen und gespeichert werden.		X	
2.2.1.12	Die Sicherung der Daten bei der Datenfernübertragung erfolgt entweder softwaremäßig mit Hilfe der Chiffrierung und Dechiffrierung durch kryptographische Codierung oder hardwaremäßig durch Zerhacker (scrambler).		X	X
2.2.1.13	Bei den kryptographischen Chiffrierverfahren wird unterschieden nach		X	
	- der Substitution, bei der einzelne Zeichen oder Zeichengruppen nach einer Verschlüsselungstabelle gegen andere ausgetauscht werden			
	- der Transposition, bei der die Zeichenfolge der Nachricht systematisch verändert wird			
	- der arithmetischen Manipulation, bei der			

FUTH	KATALOG SCHUTZ-/ SICHERUNGSMASSNAHMEN	erstellt am: erstellt durch:		
Nr.	**Maßnahmen**	**Sich.-Verf. OS**	**SS**	**HS**
	die Zeichen der Nachricht bzw. die einzelnen Bits eines Zeichens nach einfachen mathematischen Regeln vertauscht werden - der Hinzufügung eines Schlüssels, bei der die Zeichen durch die Kombination mit einem variablen Schlüssel umgewandelt werden.			
2.2.1.14	Die Verschlüsselung gespeicherter Daten kann entweder hardwaremäßig oder softwaremäßig durchgeführt werden; Hardware-Verschlüsselungen haben den Vorteil höherer Geschwindigkeit und geringerer Belastung der Zentraleinheit, wenn sie den Kanälen und einzelnen Geräten zugeordnet werden.		X	X
2.2.2.00	<u>Bei Programmen</u>			
2.2.2.01	Alle Programme der System- und Anwendungssoftware müssen einwandfrei identifizierbar sein (Unterteilung nach System- und Anwendungssoftware, Kennzeichnung von Original- und Testprogrammen, eindeutige Programmnummer, Programmversionsnummer).		X	
2.2.2.02	Neben den auf Lochkarten, Magnetbändern oder Magnetplatten befindlichen Maschinenprogrammen sollten zur Sicherung mindestens eine ausgelagerte Kopie und das Quellenprogramm (Programmkarten oder Magnetband, katalogisiert und verschlossen innerhalb der Programmierungsabteilung) vorhanden sein.		X	
2.2.2.03	Neben der Sicherung des Quellen- und Maschinenprogramms muß ein Satz ausreichender Programmdokumentation innerhalb und ein weiterer Satz außerhalb des Rechenzentrums vorhanden sein.	X		
2.2.2.04	Nach § 44 HGB und § 92 AO sind alle Dokumentationsunterlagen (dies gilt auch für alte Programmversionen) 10 Jahre lang aufzubewahren.	X		
2.2.2.05	Sicherungsprogramme (z.B. für Daten- und Programmsicherung, zur Benutzeridentifi-			

Formular VII/02

Nr.	Maßnahmen	Sich.-Verf. OS	SS	HS
	kation, zur Zugriffssicherung usw.) müssen besonders gesichert sein; ihre Einfügung, Änderung und Ausschaltung sollte nur mit schriftlicher Genehmigung des EDV-Leiters erfolgen können.		X	
2.2.2.06	Mit Hilfe eines besonderen Programms kann die Programmidentität vor Beginn einer Praxisarbeit überprüft werden (z.B. mit Hilfe von Querrechnungen der Programmzeichen oder -bits).		X	
2.2.2.07	Da nicht genügend ausgetestete Programme oder Programme von Eindringlingen zu Fehlern oder Mißbrauch von Datenbeständen führen können, ist es notwendig, die Datenbestände vor solchen Programmen zu schützen.		X	
2.2.2.08	Hardware-Sicherungen mit Hilfe der virtuellen Speichertechnik bieten, da jedes Programm einen unabhängigen Adreßraum besitzt, einen besonders guten Schutz gegenüber unausgetesteten Programmen und Programmen von Eindringlingen.			X
2.2.2.09	Bei der softwaremäßigen Programmsicherung gibt es folgende Lösung: jedem Anwender ist ein Kontrollfeld zugeordnet, in dem für jedes freigegebene Programm ein Bit reserviert ist. Steht das Bit auf 1, so darf dieser Anwender das Programm starten. Jedes Programm hat ebenfalls ein solches Feld gleicher Länge,, wobei die einzelnen Bits (mit nur einem 1er Bit je Programm) den Programmnamen kennzeichnen. Auch der Systemprogrammierer verfügt über ein gleichlanges Feld. Die Bits in diesem Feld bedeuten, daß jeweils bei einem 1er Bit das Programm ablaufen kann. Ein Programm darf nun gestartet werden, wenn in einem Bit drei 1er Bits vorhanden sind. Der Systemprogrammierer kann auf diese Weise, durch Verschieben der 1er Bits, den Start von Programmen zulassen oder verbieten.		X	
	Anwender Ø Ø 1 1 Ø 1 Ø Ø ..... Programm Ø Ø Ø Ø Ø 1 Ø Ø ..... Systemprogrammierer 1 1 Ø 1 Ø 1 Ø Ø			

FUTH	KATALOG SCHUTZ-/ SICHERUNGSMASSNAHMEN	erstellt am: erstellt durch:		
Nr.	**Maßnahmen**	**Sich.-Verf.**		
		OS	**SS**	**HS**
2.2.2.10	Orgware-Sicherungen dienen nur mittelbar der Programmsicherung. Im einzelnen sind hier zu nennen:	X		
	- eine klare und schriftliche Programmvorgabe - ein modularer Programmaufbau mit Hilfe der normierten Programmierung - eine möglichst lineare Programmierung - die Verwendung von Entscheidungstabellen und Generatoren - die Unterbringung von Konstanten und Variablen in geschlossenen Speichertabellen - die Trennung der Programme für Originalarbeiten und Tests in getrennten Bibliotheken (für die Original-Bibliothek ist ein Schreibverbot zu erlassen) - möglicherweise die Bindung bestimmter Programme an bestimmte Zeiten mit Sperrfristen.			
2.2.2.11	Neben den visuellen Kontrollen bei der Datenaufnahme und den Kontrollen bei der Datenerfassung gilt es, die Richtigkeit eingegebener Daten durch in die Programme eingebaute Kontrollen (programmierte Kontrollen) auf Vollständigkeit und Plausibilität zu prüfen; Beispiele solcher programmierter Kontrollen sind:		X	
	- Doppelloch- und Leerspaltenkontrolle Prüfung auf überlochte oder nicht gelochte Stellen, insbesondere wichtig für maschinell lesbare Belege.		X	
	- Reihenfolge-Kontrolle Kontrolle auf auf- oder absteigende Sortierordnung bei sequentiell zu verarbeitenden Dateien.		X	
	- Vorzeichen-Kontrolle Kontrolle auf positive oder negative		X	

Formular VII/02

Nr.	Maßnahmen	Sich.-Verf. OS	SS	HS
	Vorzeichen entsprechend der Kartenart.			
	- <u>Null-Kontrolle</u> Kontrolle bei der doppelten Buchhaltung zur Prüfung der erforderlichen Summengleichheit der Soll- und Haben-Posten je Beleg oder Abstimmkreis.		X	
	- <u>Abstimm- und Kontrollsummen</u> Bestimmte Datenfelder wie z.B. Menge, Betrag, Gewicht usw. werden bei der Erfassung oder Eingabe addiert und als Kontrollzahl mit eingegeben; Wiederholung der Addition durch Programm und Vergleich der eingegebenen mit der errechneten Abstimm- oder Kontrollsumme.		X	
	- <u>Mischsummen-Kontrolle</u> Mischsummen sind Kontrollsummen von allen Belegen oder Datensätzen gemeinsamen Identifikationsfeldern; Vorgehensweise wie bei Abstimm- und Kontrollsummen.		X	
	- <u>Vollständigkeitskontrolle</u> Kontrolle aller Felder, ob belegt oder nicht belegt entsprechend der Satzartenstruktur mit Muß- und Kann-Feldern.		X	
	- <u>Vollzähligkeitskontrolle</u> Kontrolle, ob alle Belege oder Datensätze verarbeitet wurden, durch Satzartenzählung oder Postenzählung mit Vergleich der Summe aller Belege oder Satzarten laut Deckblatt.		X	
	- <u>Gültigkeitskontrolle</u> Kontrolle eines Ordnungsbegriffs oder eines anderen numerischen Begriffs auf innere Richtigkeit, z.B. Prüfziffernkontrolle, Vorhandensein bestimmter Zahlenkombinationen, Umrechnung mittels Formel bei verschlüsselten Begriffen.		X	
	- <u>Grenzwertkontrolle</u> Kontrolle, bei der nur die Zugehörigkeit von Ordnungsbegriffen oder numerischen Informationen zu einem bestimmten Zahlenbereich geprüft wird, angewandt bei klassifizierenden Schlüsseln, Vergleich auf größer/kleiner usw.		X	

FUTH	KATALOG SCHUTZ-/ SICHERUNGSMASSNAHMEN	erstellt am: erstellt durch:		
Nr.	**Maßnahmen**	**Sich.-Verf.**		
		OS	**SS**	**HS**
	- Plausibilitätskontrolle Kontrolle eines eingegebenen Wertes auf Glaubwürdigkeit oder Zulässigkeit.		X	
	- Prüfziffernverfahren Kontrolle eines Ordnungsbegriffs auf innere Richtigkeit durch Prüfziffernkontrolle.		X	
	- Ausschluß-Kontrolle Kontrolle, ob die eingegebenen Daten überhaupt mit dem betreffenden Programm zu verarbeiten sind.		X	
	- Formatkontrolle Kontrolle auf Über- und Unterschreitung festgelegter Formatlängen.		X	
	- Kennsatzprüfung Prüfung auf Freigabe und richtige Daten bei Magnetband- und Magnetplattendateien.		X	
	- Kontrollpunktverfahren (Checkpoints) Umfangreiche Programme sollten über Wiederanlaufpunkte verfügen, die den Zustand der Anlage und den Inhalt bestimmter Speicherbereiche in gewissen Abständen sowie bei Vorliegen bestimmter Störungsfälle sicherstellen und es gestatten, ein unterbrochenes Programm an dem der Fehlerstelle am nächsten zurückliegenden Fixpunkt zu starten; hierdurch ist die Programmwiederholung von Anfang an nicht erforderlich.		X	
	- Quersummenkontrolle Kontrolle, bei der die Quersumme der Einzelwerte eines Datensatzes errechnet und mit der eingegebenen Quersumme auf Übereinstimmung verglichen wird.		X	
	- Paarigkeitskontrolle Kontrolle von Ordnungsbegriffen, z.B. von Personalnummern, durch Vergleichen gegen die Ordnungsbegriffe der Stammdatei.		X	
	- Feldprüfung Kontrolle auf rechts- oder linksbündige		X	

Formular VII/02

Nr.	Maßnahmen	Sich.-Verf.		
		OS	SS	HS
	Schreibweise bei Ordnungsbegriffen mit variabler Länge.			
	- <u>Quer- und Rückrechnung</u> Kontrolle eines eingegebenen Ergebnisses aus Vorprogrammen nach gleicher oder anderer Formel, z.B. bei Zinserrechnung angewandt.		X	
2.3.0.00	<u>Maßnahmen zur Sicherung der Daten bei Datenträgern, Dateien und Datenbanken</u>			
2.3.0.01	Neben den bereits bekannten Maßnahmen der Belegorganisation, Benutzeridentifizierung, Prüfung der Zugriffsberechtigung, Verschlüsselung, programmierten Kontrollen und Programmsicherung müssen weitere Maßnahmen für die unmittelbare Sicherung der Datenbestände ergriffen werden; hierbei ist danach zu unterteilen, was zu sichern ist, wann und wie oft zu sichern ist und wie lange die gesicherten Datenbestände aufbewahrt werden sollen.	X	X	
2.3.0.02	Systemdateien (Betriebssystem, System- und Anwendungssoftware), die üblicherweise auf Magnetplatten oder Magnettrommeln gespeichert sind, sollte man mindestens einmal täglich durch Duplizierung auf Magnetband oder Magnetplatten sichern; üblicherweise bleibt das tägliche Systemduplikat im Rechenzentrum, während ein zusätzliches wöchentliches Systemduplikat im Sicherheitsarchiv ausgelagert wird.		X	
2.3.0.03	Bei der Sicherung von Anwendungsdateien ist zu unterscheiden nach der Art der Daten (betriebsinterne Daten, vertrauliche Daten, Geschäftsgeheimnisse), der Funktion der Daten (Ein-/Ausgabedaten, Stamm- und Bestandsdaten), dem Datenträger, der Zugriffsart und dem Speicherungssystem (normale Dateien oder Datenbanken).	X	X	
2.3.0.04	Alle Datenbestände werden zunächst nach Sicherungsklassen gegliedert: soweit es sich um vertrauliche Daten oder Geschäftsgeheimnisse handelt, sind zusätzlich zu den normalen Sicherungsmaßnahmen weitere Sicherungen durchzuführen, so beispielsweise Tresorlagerung, Lagerung in den Fachabteilungen, besondere Überwachung			

FUTH	KATALOG SCHUTZ-/ SICHERUNGSMASSNAHMEN	erstellt am: erstellt durch:		
Nr.	**Maßnahmen**	**Sich.-Verf.**		
		OS	**SS**	**HS**
	durch Sicherheitspersonal oder Datenschutzbeauftragten u.a.	X		
2.3.0.05	Bei Eingabe- und Ausgabedateien genügt in der Regel die gesicherte Aufbewahrung der Eingabe- und Druckbänder für ein bis zwei Tage, um bei Verlust oder Zerstörung die Eingabe bzw. den Druck wiederholen zu können.	X		
2.3.0.06	Auf Magnetband gespeicherte Stamm- und Bestandsdateien (also Dateien mit sequentieller Speicherung) werden üblicherweise nach dem Drei-Generationen-Prinzip gesichert, wobei jeweils eine Generation im Umlauf ausgelagert sein sollte.	X		
2.3.0.07	Bei Stamm- und Bestandsdateien mit indexsequentieller oder gestreuter Speicherung richtet sich das Sicherungsintervall nach dem Verarbeitungsrhythmus; hierbei kommt es hauptsächlich darauf an, daß die Dateien im Falle einer Zerstörung bei vertretbarer Ausfallzeit wiederhergestellt werden können; der Umfang der Sicherungsmaßnahmen hängt ab vom notwendigen Sicherheitsgrad, von der höchstmöglichen vertretbaren Ausfallzeit und von der Zeit, in der die Rekonstruktion der zerstörten Dateien möglich ist; die Sicherung selbst kann durch periodisches Duplizieren des Plattenstapels auf einen anderen Plattenstapel (oder besser auf Magnetband), durch Abspeicherung der Adressen bewegter Stammsätze und Kopieren nur der bewegten Sätze oder durch gleichzeitiges Duplizieren des Plattenstapels während des Verarbeitungsablaufs mit Vermerk von Datum und Art der letzten Veränderung im Plattensatz einschließlich Aufbewahrung aller Bewegungen seit dem letzten Kopierlauf erfolgen; es empfiehlt sich, für die Dateiorganisation und -sicherung Sicherungssoftware einzusetzen, wie sie von den meisten Herstellern der EDV-Anlagen und auf dem freien Softwaremarkt angeboten wird.	X	X	
2.3.0.08	Auch bei der Sicherung von Datenbeständen einer Datenbank kann man so verfahren, daß			

Formular VII/02

Nr.	Maßnahmen	Sich.-Verf. OS	SS	HS
	man vom Datenbestand ein Duplikat anlegt; mit Hilfe des Datenbankduplikats und der Protokollierung der Änderungen im Datenbanksystem kann der Bestand der Datenbank jederzeit auf jeden beliebigen Aufsetzpunkt gebracht werden.	X	X	
2.3.0.09	Bei sehr umfangreichen Datenbeständen in einer Datenbank kann jedoch der Aufwand zur Rekontruktion sehr hoch sein, weswegen hier Verfahren angewandt werden sollten, die nicht nur kurze Restartzeiten, sondern auch Reparaturen zerstörter Datenbankbereiche im laufenden Betrieb erlauben; es sollte gewährleistet sein, daß das eingesetzte Datenbanksystem differenzierte Sicherungsverfahren sowohl für einen Stapel-Anwenderbetrieb als auch für den Realtime-Betrieb enthält.		X	
2.3.0.10	Zusätzlich zur Sicherung von Dateien und Datenbanken selbst muß eine Möglichkeit vorhanden sein, zerstörte oder verlorengegangene Daten zu rekonstruieren; die verwendete Rekonstruktionsmethode ist üblicherweise vom Vorrang der Arbeit, von der noch akzeptablen Ausfallzeit und von der zur Rekonstruktion benötigten Maschinenzeit abhängig.	X	X	
2.3.0.11	Zu den Maßnahmen einer Rekonstruktion gehören die Feststellung des Umfangs der verlorenen oder zerstörten Daten durch Vergleich mit Abstimmlisten oder Kontenblättern, Kontrollen und Analysen von Zwischensummen und die Rekonstruktion des Datenbestandes selbst.	X	X	
2.3.0.12	Bei der Durchführung der Rekonstruktion werden, ausgehend vom letzten Duplikatsspeicher, alle Buchungen der letzten Periode nachgebucht; bei der Buchung sollten Kontrollsummen gebildet werden, die die Abstimmung der Ergebnisse und eine Vollständigkeitskontrolle gestatten; auch der wiederhergestellte Datenbestand wird wiederum dupliziert, bevor er durch weitere Bewegungen verändert wird.		X	
2.3.0.13	Wurden nur die veränderten Datensätze laufend gesichert, so werden im Falle der Rekonstruktion zunächst alle diese Bestän-			

<table>
<tr><td colspan="2">FUTH</td><td>KATALOG SCHUTZ-/ SICHERUNGSMASSNAHMEN</td><td colspan="3">erstellt am:
erstellt durch:</td></tr>
<tr><td rowspan="2">Nr.</td><td colspan="2" rowspan="2">Maßnahmen</td><td colspan="3">Sich.-Verf.</td></tr>
<tr><td>OS</td><td>SS</td><td>HS</td></tr>
<tr><td></td><td colspan="2">de zusammengemischt; unter Zuhilfenahme der letzten Gesamtkopie wird nun jeweils der Satz mit dem neuesten Status ausgewählt und zum Wiederaufbau der Datei herangezogen; für diese Auswahl wurde beim Schreiben jeweils das Datum des Verarbeitungstages in den Satz eingefügt.</td><td></td><td>X</td><td></td></tr>
<tr><td>2.3.0.14</td><td colspan="2">Der Zeitaufwand für die Rekonstruktion eines Datenbestandes hängt ab vom Umfang des zu rekonstruierenden Datenbestandes, von der Speicherungsform, der Verarbeitungsmethode und dem Umfang der Wiederholungsbuchungen.</td><td></td><td>X</td><td></td></tr>
<tr><td>2.3.0.15</td><td colspan="2">Zu den weiteren Maßnahmen der Sicherung von Datenbeständen gehören auch Fehlerkorrekturverfahren: bei der Zielkorrektur werden entdeckte Fehler so lange dokumentiert, storniert und wieder eingegeben, bis der gesamte Stoff richtig ist; diese Korrekturart wird man bei allen Arbeitsgebieten wählen, die zu einem festen Zeitpunkt richtig abgeschlossen sein müssen, wie beispielsweise Gehaltsabrechnung, Finanzbuchhaltung u.a. Bei der zyklischen Fehlerkorrektur werden die Korrekturen jeweils beim nächsten Lauf eingegeben und führen mitunter zu Gutschriften und Belastungen, wie z.B. bei der Fakturierung und der Offene-Posten-Buchhaltung. Bei beiden Korrekturverfahren sollte sichergestellt sein, daß die abgewiesenen Datensätze auf Magnetband oder Magnetplatte zwischengespeichert werden und bei der Korrektur gegen die wieder eingegebenen Datensätze laufen; verbleibende Reste im Zwischenspeicher sind dann periodisch für Kontroll- und Prüfzwecke auszudrucken.</td><td></td><td>X</td><td></td></tr>
<tr><td>2.3.0.16</td><td colspan="2">Eine weitere Maßnahme zur Sicherung von Datenbeständen ist die Protokollierung: Protokolle über Programmläufe, Benutzer und Zugriffe zu Datenbeständen haben zwar mehr eine passive Sicherungsfunktion, sind aber deshalb nicht minder bedeutsam; durch die Protokollierung soll im nachhinein feststellbar und nachvollziehbar sein, wann und von wem welche Programme</td><td></td><td></td><td></td></tr>
</table>

Formular VII/02

Nr.	Maßnahmen	Sich.-Verf. OS	SS	HS
	benutzt wurden und welcher Benutzer auf welche Daten zugegriffen hat.		X	X
2.3.0.17	Protokolle haben aber nur dann einen Wert, wenn sie laufend ausgewertet und geprüft werden.	X		
2.3.0.18	Für die Protokollierung sollten sowohl ein Standard-Protokoll-Erfassungsprogramm als auch ein Standard-Protokoll-Auswertungsprogramm zur Verfügung stehen, mit denen eine selektrive Aufzeichnung der wichtigsten Vorgänge und Zugriffe zu bestimmten Dateien (mit Hilfe von Datenschutztabellen) und eine statistische Auswertung über Art und Umfang der Benutzung von Dateien möglich ist.		X	
2.3.0.19	Als ein Beispiel wirtschaftlicher Protokollierung kann auch die Übertragung der maschinenlesbaren Protokollinformationen auf Mikrofilm (COM) angesehen werden.			X

Beispiel für die Prüfung der Zugriffsberechtigung[1)]

Nachdem sich der Benutzer gegenüber dem System ausgewiesen hat, wird mit Hilfe einer Befugnistabelle überprüft, ob er zu den gewünschten Daten zugreifen darf. Die Befugnis sollte sich nach dem Grundsatz richten: so wenig wie möglich, so viel wie nötig.

Die Befugnistabelle könnte für jeden Benutzer folgende Daten enthalten: Kennwörter, Angabe der Dateien, zu denen er zugreifen darf, und für jede freigegebene Datei die Angabe der zugelassenen Felder mit der erlaubten Zugriffsart.

Vor jedem Zugriff zu geschützten Daten überprüft das Genehmigungsprogramm die Dateidefinition und das Sicherheitsprofil des Benutzers und gibt nur die Daten frei, deren Kenntnis ihm gestattet ist.

Das folgende Beispiel möge die bisherigen Erörterungen der Erkennung und der Zugriffsberechtigung verdeutlichen.
Bild 8 enthält einen Ablauf und eine Beschreibung der Benutzer-, Zugriffs- und Feldtabelle. Wie Bild 9 zeigt, darf der Benutzer 073 alle Felder der Datei 10 lesen; das wird durch ein JA in dem Feld Erlaubter Zugriff der Benutzertabelle ermöglicht. In der Datei 15 darf er die Felder PNR und KST lesen. Deshalb wird ihm die normale Zugriffsart mit der Nummer 03 in der Zugriffstabelle zugeteilt, die ihm Zugriff zu den Feldern der Sicherheitskategorie 1 dieser Datei gestattet, sofern ihre Lese-Rangstufe (L) nicht größer als 2 ist. Das sind die Felder PNR und KST.

---

1) aus IBM-Nachrichten, 21. Jahrgang, Heft Nr. 205 (Februar 1971), Dipl.-Ing. Jürgen H. Schulze, IBM Deutschland, Stuttgart, Seite 640 ff. mit freundlicher Genehmigung der IBM Deutschland.

FUTH	Erkennung und Befugnisüberprüfung	Bild 8

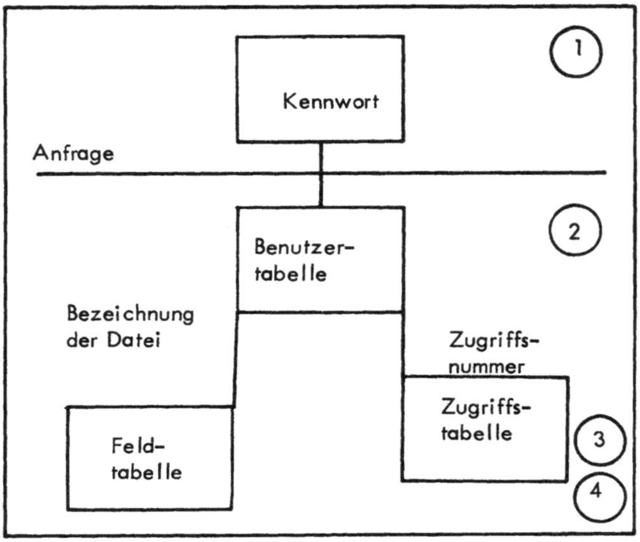

(1) An jeden berechtigten Benutzer vergibt der Sicherheitsbeauftragte ein bestimmtes Kennwort.

(2) Die Benutzertabelle dient der Überprüfung, ob das eingegebene Kennwort richtig ist; enthält allgemeine Angaben über jeden Benutzer (Benutzernummer, Anschrift, Aufgabengebiet oder Dienststellung usw.);
gibt an, zu welcher Datei der Benutzer mit welcher Zugriffsart oder -nummer zugreifen darf;
gibt gegebenenfalls an, zu welchen Feldern nur dann zugegriffen werden darf, wenn darin welche Schlüssel (nicht) enthalten sind (besonderer Zugriff).

(3) Die Zugriffstabelle ordnet dem Benutzer Sicherheitskategorien für "normalen" und "besonderen" Zugriff zu, außerdem Rangstufen für das Lesen und Verändern von Feldern. Diese Rangstufen müssen höher oder gleich den in der Feldtabelle vorgefundenen sein, sollen sie dem Benutzer den gewünschten Zugriff gestatten. Die Sicherheitskategorie des Benutzers muß sich mit der der Feldtabelle decken, damit der gewünschte Zugriff durchgeführt werden kann.

(4) Die Feldtabelle ordnet jedem Feld einer Datei eine Sicherheitskategorie und je eine Rangstufe für Lesen und Schreiben zu.

FUTH	Aufbau von Benutzer-, Zugriffs- und Feldtabelle	Bild 9

Benutzertabelle

Zugriffserlaubnis	Benutzernummer	1. Datei: Bezeichnung	1. Datei: erlaubter Zugriff	2. Datei: Bezeichnung	2. Datei: erlaubter Zugriff	
N[1]	073	10	JA	15	03	
N	074	10	04	15	05	
N	075	15	06			
		Name des Feldes mit besonderer Zugriffserlaubnis	Welcher Schlüssel muß im Feld mit besonderer Zugriffserlaubnis (z. B. KST) enthalten sein, damit der berechtigte Benutzer zu den freigegebenen Feldern zugreifen darf?			
B[2]	075	KST	5712			

Zugriffstabelle

Zugriffsnummer	Zugriffsart	1. Sicherheitskategorie	L[4]	V[5]	2. Sicherheitskategorie	L	V
03	NZ[3]	SK 1	2	0			
04	NZ	SK 1	1	0			
05	NZ	SK 1	1	0	SK 2	1	0
06	NZ	SK 1	0	0	SK 2	0	0
06	EIGEN	SK 1	2	0			

Feldtabelle

Dateinummer	Feldbezeichnung	Sicherheitskategorie	L	V
10	NME	SK 1	1	9
10	GEH	SK 1	2	9
10	EF 1	SK 1	1	9
15	PNR	SK 1	2	9
15	KST	SK 1	1	9
15	EF 2	SK 2	1	9

Annahme:

	Datei 10	Datei 15	
Benutzer Nr. 073 darf die Felder	NME GEH EF 1	PNR KST	lesen
Benutzer Nr. 074 darf die Felder	NME EF 1	KST EF 2	lesen
Benutzer Nr. 075 darf die Felder		PNR (KST) der Kostenstelle 5712	lesen

1) N = normale Zugriffserlaubnis
2) B = besondere Zugriffserlaubnis
3) NZ = normaler Zugriff
4) L = Lesen
5) V = Verändern

Der Benutzer 075 darf in der Datei 15 nur zu den Sätzen zugreifen, die sich auf eine bestimmte Kostenstelle beziehen. Das wird in der Zugriffstabelle dadurch ausgedrückt, daß die normale Zugriffsart mit der Berechtigung 0 durch die besondere Zugriffsart EIGEN ergänzt wird. (Die Zugriffsart NICHT EIGEN hätte ihm Zugriff zu den Sätzen gestattet, die nicht zu KST 5712 gehören). In der Benutzertabelle wird eine besondere Zugriffsart durch die Zugriffserlaubnis B ausgedrückt. Diese Eintragung gibt an, welcher Schlüssel in welchem Feld enthalten sein muß, um den besonderen Zugriff zu gestatten.

4. Die Kosten für Datenschutz und Datensicherung

4.1 Einleitung und Übersicht

Betrachtet man das Kostenproblem bei Datenschutz und Datensicherung unter verschiedenen Aspekten, so läßt sich folgendes feststellen:

- Die Kosten für Datenschutz und Datensicherung werden von den Unternehmen bislang nur widerwillig aufgewendet, weil der Nutzen von Schutz-/Sicherungsmaßnahmen nur schwer abzuschätzen ist und meist erst dann deutlich wird, wenn ein Schaden entstanden ist.

- Datenschutz und Datensicherung dürfen nicht unter dem alleinigen Gesichtspunkt ökonomischer Kriterien gesehen werden, weil der Betrieb einer EDV-Anlage bestimmter Sicherheitsmaßnahmen bedarf und der Gesetzgeber Datenschutz- und Datensicherungsmaßnahmen vorschreibt.

- Auch bei Einsatz größter finanzieller Mittel gibt es keinen absoluten, alles umfassenden Schutz, weder gegen Verlust, Zerstörung und Beschädigung von Daten noch vor Mißbrauch der Datenverarbeitung.

- Der Hauptteil der Kosten bei Datenschutz und Datensicherung wird nicht für die Sicherung der Datenbestände, sondern für allgemeine Schutz-/Sicherungsmaßnahmen und für die Sicherung von Anlagen, Einrichtungen und Programmen anfallen.

- Die Kosten für Datenschutz und Datensicherung nehmen überproportional zu, d.h. für jeden zusätzlichen Sicherungsgrad sind erhöhte Mehrkosten aufzuwenden.

- Künftig muß mit einem absoluten Ansteigen der Kosten für Datenschutz und Datensicherung gerechnet werden, weil

  - vom Gesetzgeber, z.B. durch das BDSG, zusätzliche Schutz-/Sicherungsmaßnahmen gefordert werden

  - auch die Unternehmen dem Datenschutz und der Datensicherung einen zunehmenden Wert beimessen

  - der Einsatz computergesteuerter Informationssysteme (Datenbanken, Dialogverkehr, Direktverarbeitung) neuer und erheblich teuerer Schutz-/Sicherungsmaßnahmen bedarf

  - sich die Maßnahmen des Datenschutzes und der Datensicherung zunehmend von den billigen organisatorisch-administrativen zu den teueren Software- und Hardware-Verfahren verlagern werden.

Obwohl bisher kaum aussagefähige Zahlen vorliegen, die zu einer klaren Antwort auf die Frage nach der Höhe künftiger Schutz-/Sicherungskosten berechtigen, muß der Anwender aus den obengenannten Gründen mit einem Ansteigen dieser Kosten rechnen.

In Abhängigkeit von

- der Größe des Unternehmens
  (kleinere Unternehmen müssen einen größeren Teil ihres EDV-Budgets aufwenden)

- der Branche
  (Unternehmen, die in erheblichem Umfange personenbezogene Daten verarbeiten, müssen mit höheren Kosten rechnen)

- der Betriebsart der EDV-Anlage
  (der Teilnehmerbetrieb bedarf höherer Schutz-/Sicherungsmaßnahmen als der Teilhaberbetrieb) und

- dem Sicherheitsbedürfnis
  (überproportionaler Anstieg der Kosten mit zunehmender Sicherheit)

werden Kosten anfallen, die nach ersten Untersuchungen und Schätzungen von Fachleuten zwischen 10 und 30 % des gesamten EDV-Budgets betragen werden. Je nach Umfang der bisher schon praktizierten Schutz-/Sicherungsmaßnahmen werden die Unternehmen noch die Hälfte bis zu zwei Dritteln der genannten Kosten zusätzlich aufzuwenden haben. Eine Trennung der Kosten von Datenschutz einerseits und Datensicherung andererseits dürfte kaum oder nur in Teilbereichen möglich sein, weil viele Maßnahmen sowohl dem Datenschutz als auch der Datensicherung dienen.

4.2 Kosten-/Nutzenanalyse

Wendet man für den Bereich von Datenschutz und Datensicherung das ökonomische Prinzip der Kosten-/Nutzenanalyse an, so wird den Kosten für Schutz-/Sicherungsmaßnahmen der Nutzen (also der verhinderte Schaden, in Geldeinheiten bewertet) gegenübergestellt. Während jedoch die Kosten für die Schutz-/Sicherungsmaßnahmen noch einigermaßen gut zu ermitteln sind, ist die Quantifizierung des Nutzens sehr schwierig, in Teilbereichen sogar unmöglich (abgesehen davon, daß der Anwender einzelne Kosten aufzuwenden hat, z.B. aufgrund des BDSG, ohne daß diesen Kosten ein Nutzen gegenübersteht). Denn ein möglicher Schaden hängt z.B. von der

Art und Menge der entwendeten Daten, der mißbräuchlichen Verwendung und vom Umfang des Mißbrauchs ab: er kann vom Preis für die Magnetbandrolle bis zu einem Millionenschaden reichen, wenn die auf dem Magnetband gespeicherten Daten an Konkurrenten verkauft werden. Eine Gesamt-Kosten-/Nutzenanalyse wäre also nur dann denkbar, wenn den Kosten für die Schutz-/Sicherungsmaßnahmen Erträge oder quantifizierte Nutzeffekte aus Datenschutz und Datensicherung gegenübergestellt werden könnten. Dies ist jedoch im Bereich der Datenverarbeitung für eigene Zwecke, von einzelnen Teilbereichen abgesehen, kaum möglich.

Obwohl wir, wie oben ausgeführt, Zweifel haben, ob eine Kosten-/Nutzenanalyse im Bereich von Datenschutz und Datensicherung überhaupt realisierbar ist, wollen wir den Lesern des Buches das Verfahren einer Kosten-/Nutzenanalyse vorstellen, wie es von Broermann[1)] entwickelt wurde. Neben diesem Verfahren werden wir ein zweites, eigenes Verfahren beschreiben, bei dem nur die Kosten von Datenschutz und Datensicherung ermittelt, beurteilt und minimiert werden.

Kosten-/Nutzenanalyse

Formular VII/03

KOSTEN-/NUTZENANALYSE

zeigt die Ermittlung eines Sicherheitsindexes je Schutz-/Sicherungsmaßnahme, in Anlehnung an Broermann.[1)]

Zunächst werden, wie aus dem Formular ersichtlich, je Risikoobjekt und Risikoart (Feuer, Wasser, Terrorakte, Verlust, Fehler, Mißbrauch usw.) die Schadenswahrscheinlichkeit P (von 1 bis 100) und die relative Schadenshöhe V (ebenfalls auf einer Skala von 1 bis 100) ermittelt. Aus der Multipli-

---

1) Vgl. Broermann, B.: Computerüberwachung und Computersicherung. In: Output, 1. Jg., Heft 1, S. 20 ff.

kation von P x V, geteilt durch 1000, errechnet sich der Risikofaktor E.

$$E = \frac{P \times V}{1000}$$

Je Risikoart können nun ein oder mehrere Schutz-/Sicherungsmaßnahmen ergriffen werden (wie im Beispiel des Formulars VII/03 aufgeführt). Aus dem ermittelten Risikofaktor E, multipliziert mit der relativen Wirksamkeit R einer bestimmten Maßnahme zur Verringerung eines möglichen Schadens und dividiert durch die relativen Kosten (beide Ansatzwerte wiederum im Bereich von 1 bis 100 angegeben), erhält man den Sicherheitsindex W.

$$W = \frac{E \times R}{C}$$

Ein hoher Sicherheitsindex drückt einen großen Nutzen und umgekehrt ein niedriger Sicherheitsindex einen geringen Nutzen im Verhältnis zu den für Schutz-/Sicherungsmaßnahmen aufgewendeten Kosten aus; er gibt also Auskunft darüber, ob sich bestimmte Kosten für Schutz-/Sicherungsmaßnahmen gelohnt haben bzw. lohnen werden.

Kostenanalyse

Auch bei der reinen Kostenanalyse werden je Risikoobjekt die möglichen Risikoarten aufgeführt. Siehe hierzu das Formular VII/04

KOSTENANALYSE.

Um festzustellen, ob bestimmte Schutz-/Sicherungsmaßnahmen und die hierfür aufzuwendenden Kosten gerechtfertigt sind, kennzeichnet man zunächst jedes Risikoobjekt nach der Höhe des erforderlichen Sicherheitsbedürfnisses, unterteilt in die bekannten Sicherheitsklassen

E = einfache Sicherheitsklasse
M = mittlere Sicherheitsklasse
H = hohe Sicherheitsklasse.

FUTH	KOSTEN-/NUTZENANALYSE							erstellt am: / erstellt durch:
Risikoobjekt/ Risikoart	P Schad.-wahrsch.	x V Relat. Sch.-H.	= E Risiko-E (: 1000)	Schutz-/Sicherungsmaßnahme	E Risiko-faktor	x R Relative Wirksamk.	: C Relative Kosten	= W Sicher-heitsindex
EDV-Anlage								
Feuer	10	80	0,8	Feuersichere Einrichtung	0,8	20	10	1,6
				Automat. Feuerlöscheinrichtung	0,8	80	60	1,3
				Sichere elektr. Installation	0,8	10	5	1,6
Wasser	10	50	0,5	Raum- und Leitungsschutz	0,5	60	20	1,5
Terrorakte	5	100	0,5	Abschirmung des RZ	0,5	10	40	1,3
M-Plattendateien								
Verlust	15	20	0,3	M-Plattenschränke	0,3	70	10	2,1
Fehler	50	10	0,5	Duplizierung	0,5	90	20	2,5
Mißbrauch	10	100	1,0	Zugriffsschutz	1,0	80	15	5,3
Bildschirmgeräte								
Mißbrauch	30	20	0,6	Fälschungssichere Ausweise	0,6	80	5	9,6
				Benutzeridentifizierung	0,6	90	10	5,4

Formular VII/03 (nach Broermann)

FUTH	KOSTENANALYSE							erstellt am: erstellt durch:
Risikoobjekt/ Risikoart	Sicherh.-Klasse E	M	H	Schutz-/Sicherungsmaßnahme	Einmal-kosten p.a	lfd. Kosten p.a.	Kostenbeurteilung	Einspa-rungen p.a
EDV-Anlage			X					
Feuer				Feuersichere Einrichtung	8.000	-	gerechtfertigt	-
				Automat. Feuerlöscheinrichtg.	30. 000	2.000	gerechtfertigt	-
				Bes. elektrische Installationen	5.000	1.000	gerechtfertigt	-
Wasser				Raum- und Leitungsschutz	6.000	-	gerechtfertigt	-
Terrorakte				Abschirmung des Rechenzentr.	10.000	12.000	lfd. Kosten zu hoch, Fernsehkamera billiger	6.000
M-Plattendateien		X						
Verlust				Magnetplattenschränke	15.000	-	gerechtfertigt	-
Fehler				Duplizierung	-	50.000	wöchentl. Duplizierung ausreichend	15.000
Mißbrauch				Zugriffsschutz	20.000	2.000	gerechtfertigt	-
					94.000	67.000		21.000

Einmalkosten p.a. DM 94.000 + lfd. Kosten p.a. DM 67.000 ./. Einsparg.p.a. DM 21.000	EDV-Budget: 1.200.000 Ges. Kosten: 140.000 Verhältnis: 11,7 %
Gesamtkosten p.a. DM 140.000	

Formular VII/04

Die zur Abdeckung der einzelnen Risikoarten vorhandenen oder geplanten Schutz-/Sicherungsmaßnahmen werden nun mit ihren Kosten bewertet, und zwar mit den auf das Geschäftsjahr umgelegten Einmalkosten und den laufenden Kosten, die im betreffenden Geschäftsjahr an Organisations-, Personal-, Software- und Hardwarekosten anfallen.

Im Anschluß an die Ermittlung werden die einzelnen Schutz-/Sicherungsmaßnahmen danach beurteilt, ob die hierfür aufzuwendenden Kosten gerechtfertigt sind. Hierbei kommt es vor allem auf die Beantwortung folgender Fragen an:

1. Sind die aufgewendeten bzw. geplanten Kosten im Hinblick auf die Risiken gerechtfertigt?

2. Werden einzelne Risiken zu hoch abgesichert, d.h. durch zu teuere Maßnahmen abgedeckt?

3. Werden einzelne Risiken mehrfach abgesichert, d.h. überlappen oder überdecken sich Schutz-/Sicherungsmaßnahmen?

Im letzten Schritt der Kostenanalyse wird nach Alternativen gesucht, um die aufzuwendenden oder geplanten Kosten zu minimieren. Wege zur Kostenreduzierung sind:

- Wegfall von Mehrfachmaßnahmen

- Einsatz kostensparender Maßnahmen

- Einsatz von Standardlösungen, d.h. von externen Organisationssystemen und Softwarepaketen für Datenschutz und Datensicherung

- Verzicht auf Sicherungsmaßnahmen im Einzelfall und statt dessen Risikoabdeckung durch Versicherungsschutz.

Eine Addition der auf das Jahr umgelegten Einmalkosten und der laufenden Kosten, reduziert um die Einsparungen, ergibt die Gesamtkosten aller Schutz-/Sicherungsmaßnahmen, die schließlich dem gesamten EDV-Budget gegenübergestellt werden. Aus dem Verhältnis von Gesamtkosten für Datenschutz und Datensicherung und dem EDV-Budget kann auf vergleichsweise hohe oder niedrige Kosten, die für Datenschutz und Datensicherung im Unternehmen aufzuwenden sind, geschlossen werden.

4.3 EDV-Versicherungen

Kein noch so gutes System von Schutz-/Sicherungsmaßnahmen ist so perfekt, daß nicht eines Tages Lücken auftauchen könnten, die zu Schäden führen, weswegen der Abschluß von EDV-Versicherungen zu empfehlen ist. Die Abdeckung einzelner EDV-Risiken durch Versicherungen hat zusätzlich den Vorteil, daß man gegebenenfalls in Teilbereichen auf eigene kostspielige Maßnahmen verzichten kann. Darüber hinaus decken EDV-Versicherungen auch diejenigen Risiken (wie z.B. Katastrophen) ab, die weder zeitlich vorhersehbar noch durch eigene Maßnahmen voll vermeidbar sind.

Ganz gleich, ob man gegenwärtig an EDV-Versicherungen interessiert ist oder nicht, man sollte in jedem Falle mit seinem Hausversicherer oder einer anderen, auf EDV-Versicherungen spezialisierten Versicherungsgesellschaft Kontakt aufnehmen, um sowohl Hinweise für die eigenen Schutz-/Sicherungsmaßnahmen zu erhalten, als auch die Voraussetzungen und Bedingungen für EDV-Versicherungen zu erfahren. Da insbesondere bei der Computermißbrauch-Versicherung die Höhe der Prämie und der Umfang der Ersatzpflicht von der Güte der eigenen Schutz-/Sicherungsmaßnahmen abhängen, sollte man es nicht versäumen, sich rechtzeitig auf solche Bedingungen einzustellen.

Für den EDV-Bereich kommen folgende Versicherungen in Betracht:

1. <u>die Sachversicherung</u>
   (= moderne Schwachstromanlagen-Versicherung)

   Merkmale:
   - bei Miet- und Leasingverträgen im Vertrag eingeschlossen, bei Kaufvertrag durch den Käufer abzuschließen

   - Abdeckung von Schäden an EDV-Klima- und Stromversorgungsanlagen, die durch Zerstörung, Beschädigung oder Entwendung verursacht werden; hierzu zählen auch Schäden, die durch Fahrlässigkeit, unsachgemäße Handhabung und durch Vorsatz Dritter entstanden sind; abgedeckt werden auch Schäden durch Brand, Blitzschlag, Überschwemmung, Einbruch/Diebstahl, Beraubung, Plünderung, Sabotage, Material- und Konstruktionsfehler sowie Schäden durch Ausfall der Klima- und Stromversorgungsanlage; ausgeschlossen sind lediglich Schäden, die durch Kriegsereignisse, innere Unruhe, Erdbeben oder Kernenergie oder vorsätzlich durch eigenes Personal verursacht werden oder auf Abnutzung beruhen

   - Ersatz in der Regel des Neuwertes einschließlich Kosten für Fracht und Montage; Ausnahme: "Uralt-Computer", bei denen nur der Zeitwert erstattet wird

   - Versicherungssumme = Neuwert der Anlage einschließlich Kosten für Fracht und Montage.

   Prämie: 2,5 bis 5 % der Versicherungssumme.

2. <u>die Mehrkostenversicherung</u>
(= Zusatzdeckung im Rahmen einer Sachversicherung)

Merkmale:
- nicht in Miet- und Leasingverträgen eingeschlossen
- Ersatz der Mehrkosten für die Benutzung einer fremden Anlage bei Ausfall der eigenen Anlage, in begrenztem Umfang auch für Folgeschäden; Begrenzung auf 12 Monate
- Entschädigung des tatsächlichen Mehraufwandes abzüglich Selbstbehalt (= mindestens das Zweifache der vereinbarten Tagesentschädigung)
- Versicherungssumme = Tageshöchstentschädigung (= Gesamtkosten minus Fixkosten) x Arbeitstage je Versicherungsjahr

Prämie: etwa 0,5 % der Versicherungssumme.

3. <u>die Maschinen-Betriebsunterbrechungsversicherung</u>
(= geht über Mehrkostenversicherung hinaus)

Merkmale:
- nicht in Miet- oder Leasingverträgen eingeschlossen
- Ersatz von Vermögensschäden (entgangener Gewinn, fortlaufende Geschäftskosten) für die Benutzung einer fremden Anlage bei Ausfall der eigenen Anlage, gemessen am Ausfall der pro Maschinenstunde ausgefallenen Einheiten.

4. <u>die Datenträgerversicherung</u>
(= Zusatzdeckung im Rahmen einer Sachversicherung)

Merkmale:
- nicht in Miet- oder Leasingverträgen eingeschlossen

- Entschädigung für Beschädigung, Zerstörung und Entwendung externer Datenträger

- Ersatz der zur Wiederbeschaffung des Datenträgermaterials und der Wiederherstellung der auf den Datenträgern enthaltenen Daten erforderlichen Kosten; Begrenzung durch Höhe der Versicherungssumme

- kein Ersatz bei falscher Programmierung, Erfassung, Eingabe und Bedienung sowie versehentliches Löschen oder Wegwerfen der Datenträger

- Versicherungssumme = Kosten für Wiederbeschaffung und Wiederherstellung der beschädigten, zerstörten oder entwendeten Datenträger

Prämie: etwa 0,25 % der Versicherungssumme.

5. <u>die Computermißbrauch-Versicherung</u>
(= auf EDV zugeschnittene Form der Vertrauensschaden-Versicherung)

Merkmale:
- nicht in Miet- oder Leasingverträgen eingeschlossen

- die Computermißbrauch-Versicherung ersetzt weder die Sachversicherung (als technische Versicherung) noch die Mehrkostenversicherung (für den Ersatz der Kosten für die Benutzung einer fremden Anlage bei Ausfall der eigenen Anlage) und die Maschinen-Betriebsunterbrechungsversicherung (für den Ersatz von Vermögensschäden, wie z.B. fortlaufende Geschäftskosten)

- Abdeckung von Vermögensschäden (also alle unmittelbaren materiellen Einbußen des Versicherungsnehmers), die "Vertrauenspersonen" (also nur die eigenen Arbeitnehmer) durch vorsätzliches Beschädigen, Zerstören oder Beiseiteschaffen von EDV-Anlagen, Datenträgern oder Programmen oder deren Manipulation (Betrug, Unterschlagung, Urkundenfälschung, Untreue usw.) verursacht haben; hierzu zählen auch (bei zusätzlicher Deckung) alle Schäden, die den Versicherungsnehmer aus der Haftung gegenüber Kunden dadurch entstehen, daß Vertrauenspersonen dem Kunden selbst und unmittelbar durch vorsätzliche Schädigung der Kunden durch Löschen von Daten, Beschädigen, Zerstören oder Beiseiteschaffen von Programmen und Datenträgern und durch vorsätzliche ungerechtfertigte Bereicherung an Vermögenswerten der Kunden mit Hilfe von Programm-Manipulationen sowie Unterdrückung, Veränderung bzw. Einschieben von Datenträgern Schäden zufügen; Voraussetzung ist allerdings, daß der Name der Vertrauensperson, die den Schaden verursacht hat, festgestellt wird; Schäden die erst später als 2 Jahre nach ihrer Verursachung gemeldet werden, werden nicht ersetzt

- Begrenzung der Versicherungssumme gegenwärtig auf 3 Mio DM, Mindestversicherungssumme 500 TDM, kann jedoch für kleinere Anwender im Einzelfall darunter liegen

- erhebliche Einschränkung der Ersatzpflicht; ausgeschlossen sind alle mittelbaren und Folgeschäden, wie z.B. entgangener Gewinn und Vertragsstrafen; auch wird eine gründliche Prüfung jedes neu eingestellten Arbeitnehmers verlangt

- die Kompliziertheit und wesentliche Einschränkungen der allgemeinen Versicherungsbedingungen erfordern es, daß der Anwender das Angebot für eine Computermißbrauch-Versicherung einer genaueren Prüfung unterzieht

Prämie: etwa 1,2 bis 2,5 % der Versicherungssumme (individuell kalkuliert und abhängig von der Beschäftigtenzahl, der Größe der EDV-Anlage, der Art der Anwendungen und dem Stand der Sicherheitsmaßnahmen; jährliche Überprüfung der Prämie).

5. Institutionalisierung und Überwachung des Datenschutzes und der Datensicherung

5.1 Wer ist für den Datenschutz und die Datensicherung verantwortlich?

Bei der Institutionalisierung des Datenschutzes und der Datensicherung muß klar unterschieden werden zwischen den

- vorher einzubauenden Schutz-/Sicherungsmaßnahmen (Kontrollen) und den

- nachträglichen Überwachungs- und Prüfmaßnahmen, (Prüfungen).

Während die Schutz-/Sicherungsmaßnahmen den Datenschutz und die Datensicherung von vornherein sicherstellen sollen, dienen die Überwachungs- und Prüfmaßnahmen zur nachträglichen Feststellung, ob die notwendigen Maßnahmen verwirklicht sind und funktionieren. Alle vorher einzubauenden Schutz-/Sicherungsmaßnahmen müssen in der Verantwortung der an der Umstellung und Abwicklung beteiligten Fachabteilungen, Organisationsabteilung und vor allem der EDV-Abteilung liegen, wohingegen die Revision, der Datenschutzbeauftragte und der Datensicherungsbeauftragte für die Überwachung und Prüfung der Schutz-/Sicherungsmaßnahmen verantwortlich sind. Diese klare Verantwortungsabgrenzung zwischen Kontroll- und Überwachungsinstanzen schließt natürlich nicht aus, daß die Überwachungsinstanzen an der Formulierung von Maßnahmen mitwirken, die EDV-Kräfte in Fragen des Datenschutzes und der Datensicherung schulen und auf neue Kontrollmöglichkeiten hinweisen (eine Zusammenarbeit, wie sie zwischen EDV-Abteilung und EDV-Revision schon seit längerem erfolgreich praktiziert wird).

Da die Realisierung von Datenschutz und Datensicherung, wie oben ausgeführt, Sache der EDV- und Organisationsabteilung sowie der an der Umstellung, Änderung und Abwicklung beteiligten Fachabteilungen ist, muß innerhalb dieser Abteilungen geeignetes Sicherheitspersonal für die Planung, Entwicklung und Einführung von Schutz-/Sicherungsmaßnahmen eingesetzt werden. Gesetzliche Bestimmungen (§ 29 Abs. 3 und 4 BDSG, Aufgaben des Beauftragten für den Datenschutz) und betriebliche Notwendigkeiten bedingen, daß Datenschutzbeauftragter, Datensicherungsbeauftragter und die Revisionsabteilung an der Auswahl und Schulung des Sicherheitspersonals in EDV-Abteilung und Fachabteilungen sowie an der Realisierung der Schutz-/Sicherungsmaßnahmen mitwirken, ohne daß die Verantwortung hierfür bei diesen Überwachungsinstanzen liegt. Die Aufgaben des Sicherheitspersonals in EDV-Abteilung und Fachabteilung bestehen darin, geeignete Schutz-/Sicherungsmaßnahmen zu entwickeln und zu implementieren, die Wirksamkeit vorhandener Schutz-/Sicherungsmaßnahmen ständig zu kontrollieren sowie neue Maßnahmen und Sicherungsverfahren zu prüfen und vorzuschlagen. Wegen des Umfangs und der Vielseitigkeit dieser Maßnahmen sowie aus Gründen der Sicherheit empfiehlt es sich, die Sicherheitsaufgaben auf mehrere Personen zu verteilen, so zum Beispiel:

- Gesamtverantwortung und Koordination:
  EDV-Leiter oder Leiter der Organisationsabteilung

- Verantwortung für Schutz-/Sicherungsmaßnahmen im Rechenzentrum:
  RZ-Leiter oder Leiter der Arbeitsvorbereitung

- Verantwortung für Schutz-/Sicherungsmaßnahmen im Bereich der Arbeitsabläufe, Programme und Daten:
  Projektleiter (für Umstellungen und Änderungen), Systemprogrammierer (für Systemsoftware, insbesondere Programmbibliotheken) und Datenbankverwalter (für Dateien und Datenbanken)

- Verantwortung für Datenerfassung, Datenänderung und Dateneingabe in den Fachabteilungen: Leiter der Fachabteilungen oder EDV-Kontaktleute.

Die Überwachung und Prüfung des EDV-Gesamtgeschehens gehörte bisher zu den Aufgaben der Revisionsabteilung (soweit die EDV-Revision überhaupt zufriedenstellend funktionierte). Die EDV-Revision hat das Ziel, alle EDV-Aktivitäten transparent zu machen, um sie im Hinblick auf die

- Ordnungsmäßigkeit der Buchführung (sind die Vorschriften des HGB und der AO im Sinne der Ordnungsmäßigkeit der Buchführung in allen Abläufen und Programmen berücksichtigt?)

- organisatorische Zweckmäßigkeit (sind die Arbeitsabläufe organisatorisch sinnvoll gestaltet?)

- Wirtschaftlichkeit (sind die Arbeitsabläufe und Hilfsmittel wirtschaftlich, und welche Möglichkeiten zur Kostenreduzierung gibt es?) sowie

- Datensicherung und Datenschutz (sind die Anlagen /Einrichtungen, Systeme und Daten gegen Verlust, Zerstörung und Beschädigung gesichert, und gibt es einen Schutz vor Mißbrauch der Datenverarbeitung, um sowohl Geschäftsgeheimnisse als auch die Privatsphäre im Sinne des BDSG zu schützen?)

überprüfen und überwachen zu können.

Nach § 47 Abs. 2 BDSG, in Verbindung mit den §§ 28 und 38, müssen alle Firmen, die Datenverarbeitung für eigene oder fremde Zwecke betreiben, ab 1.7.1977 einen Datenschutzbeauftragten bestellen, sofern sie (diese Einschränkung gilt nur bei Datenverarbeitung für eigene Zwecke) personenbezogene Daten automatisch verarbeiten und hierbei in der Regel mindestens 5 Arbeitnehmer ständig beschäftigen. Das gleiche gilt bei manueller oder mechanischer Datenverarbeitung, sofern hierbei in der Regel 20 Arbeitnehmer ständig beschäftigt sind. Für personenbezogene Daten, die nicht zur Übermittlung an Dritte bestimmt sind und in nichtautomatisierten Verfahren verarbeitet werden, gilt von den Vorschriften dieses Gesetzes nur § 6 (§ 1, Abs. 2).

Das Gesetz bestimmt ferner (§ 28, Abs. 2, 3 und 4), daß

- zum Beauftragten für den Datenschutz nur bestellt werden darf, wer die zur Erfüllung seiner Aufgaben erforderliche Fachkunde und Zuverlässigkeit besitzt

- der Datenschutzbeauftragte dem Inhaber, dem Vorstand, dem Geschäftsführer oder dem sonstigen gesetzlich oder verfassungsmäßig berufenen Leiter unmittelbar zu unterstellen ist; er ist bei Anwendung seiner Fachkunde auf dem Gebiet des Datenschutzes weisungsfrei und darf wegen der Erfüllung seiner Aufgaben nicht benachteiligt werden

- der Datenschutzbeauftragte von seiner Firma bei der Erfüllung seiner Aufgaben zu unterstützen ist.

Als Aufgaben für den Datenschutzbeauftragten nennt das Gesetz (§ 29) : Der Datenschutzbeauftragte hat

- die Ausführung des BDSG sowie anderer Vorschriften über den Datenschutz sicherzustellen; in Zweifelsfällen kann er sich an die Aufsichtsbehörde wenden

- eine Übersicht über die Art der gespeicherten personenbezogenen Daten und über die Geschäftszwecke und -ziele, zu deren Erfüllung die Kenntnis dieser Daten erforderlich ist, über deren regelmäßige Empfänger sowie über die Art der eingesetzten automatisierten Datenverarbeitungsanlagen zu führen

- die ordnungsgemäße Anwendung der Datenverarbeitungsprogramme, mit deren Hilfe personenbezogene Daten verarbeitet werden sollen, zu überwachen

- die bei der Verarbeitung personenbezogener Daten tätigen Personen durch geeignete Maßnahmen mit den Vorschriften dieses Gesetzes sowie anderer Vorschriften über den Datenschutz, bezogen auf die besonderen Verhältnisse in diesem Geschäftsbereich und die sich daraus ergebenden besonderen Erfordernisse für den Datenschutz, vertraut zu machen

- bei der Auswahl der in der Verarbeitung personenbezogener Daten tätigen Personen beratend mitzuwirken.

Die gesetzlichen Vorschriften des BDSG, aber auch die große Bedeutung, die Datenschutz und Datensicherung in den Unternehmen künftig einnehmen werden, machen es erforderlich, die Überwachungsaufgaben im Bereich von Datenschutz und Datensicherung aus den Revisionsaufgaben herauszunehmen und sie auf

- je einen Datenschutz- und Datensicherungsbeauftragten <u>oder</u>

- einen gemeinsamen Datenschutz- und Datensicherungsbeauftragten

zu übertragen. Da sich Datenschutz und Datensicherung kaum voneinander trennen lassen, der Datenschutzbeauftragte allein mit dem personenbezogenen Datenschutz nicht ausgelastet sein dürfte und der Gesetzgeber nicht einschränkt, daß der Datenschutzbeauftragte auch zusätzliche Aufgaben übernehmen kann, sehen wir die zweite Lösung, also ein gemeinsamer Datenschutz- und Datensicherungsbeauftragter, als die weitaus beste Möglichkeit an. Sie korrespondiert auch insofern mit dem Bundes-Datenschutzgesetz, als der Gesetzgeber im § 6, Abs. 1 ausdrücklich fordert, daß die Firmen, die personenbezogene Daten verarbeiten, die technischen und organisatorischen Maßnahmen zu treffen haben, die erforderlich sind, um die Ausführung der Vorschriften des BDSG zu gewährleisten. Darüber hinaus dürfte es für kleinere Unternehmen auch möglich sein, daß dem mit der Überwachung des Datenschutzes und der Datensicherung beauftragten Mitarbeiter auch Aufgaben im Bereich der EDV-Revision übertragen werden; hierbei ist lediglich darauf zu achten, daß er seine Aufgaben nach den Vorschriften des BDSG voll wahrnehmen kann und hierin nicht durch Aufgabenhäufung behindert wird.

Anforderungsprofil, Stellenbeschreibung und Ausbildung des Datenschutz- und Datensicherungsbeauftragten

Die kurze Zeit, die den Firmen bleibt, um dem BDSG zu genügen und zum 1.7.1977 einen Datenschutzbeauftragten zu bestellen, schließt die Möglichkeit nahezu aus, einen Mitarbeiter völlig neu zum Datenschutzbeauftragten auszubilden. Statt dessen muß wohl in den meisten Fällen auf einen EDV-erfahrenen Mitarbeiter der EDV-, Organisations- oder Revisionsabteilung zurückgegriffen werden, der dann nur noch in den Besonderheiten von Datenschutz und Datensicherung sowie in den fehlenden Kenntnissen zu schulen ist.

Nach dem BDSG, § 28 Abs. 2, darf zum Datenschutzbeauftragten nur bestellt werden, wer die zur Erfüllung seiner Aufgaben erforderliche Fachkunde und Zuverlässigkeit besitzt. Ob der betreffende Mitarbeiter nun aus der EDV-, Organisations- oder Revisionsabteilung kommt, spielt eine sekundäre Rolle, sofern er nur persönlich zuverlässig ist und ein Höchstmaß an Fachkenntnissen und Erfahrungen auf dem Gebiet der Datenverarbeitung, Organisation und Revision mitbringt.

Kompromisse werden geschlossen werden müssen, und die Ausbildung für diesen Mitarbeiter (oder bei Großunternehmen für mehrere Mitarbeiter) wird, neben der Vermittlung der Gesetzeskenntnisse, vor allem da ansetzen müssen, wo der Mitarbeiter ungenügende Vorkenntnisse hat.

Der Datenschutzbeauftragte ist nach dem BDSG, § 28 Abs. 3, dem Inhaber, dem Vorstand, dem Geschäftsführer oder dem sonstigen gesetzlich oder verfassungsmäßig berufenen Leiter unmittelbar zu unterstellen; auch eine Unterstellung unter dem "Vorstand Servicebereich" (Organisation, Datenverarbeitung, Revision, Unternehmensplanung, Betriebswirtschaft usw.) dürfte die gesetzlichen Vorschriften erfüllen.

Die Anforderungen und Aufgaben eines gemeinsamen Datenschutz- und Datensicherungsbeauftragten gehen aus dem Formular VII/05

ANFORDERUNGSPROFIL

und VII/06

STELLENBESCHREIBUNG

hervor. Seine Aus- und Weiterbildung haben wir im Formular

VII/07 SCHULUNGSPLAN

aufgeführt; sie muß im praktischen Fall um diejenige Ausbildung reduziert werden, die bei dem betreffenden Mitarbeiter nicht mehr erforderlich ist.

Über Anforderungsprofil, Stellenbeschreibung und Schulungsplan hinaus muß der Arbeitsvertrag des Datenschutz- und Datensicherungsbeauftragten einige Besonderheiten enthalten. Hierzu gehören

- die Verpflichtung auf das BDSG und seine einzelnen Bestimmungen

FUTH	ANFORDERUNGSPROFIL	erstellt am: erstellt durch:
Stellenbezeichnung:	Datenschutz- und Datensicherungsbeauftragter (Stabsstelle)	
Unterstellung:	direkt dem Vorstandsvorsitzenden	

Anforderungsmerkmal	Spezifizierung	Bewertung
Schulbildung		
Schule	mittlere Reife oder Abitur	4
Hochschule	mögl. betriebswirtschaftliches Studium	2
Ausbildung		
Grundausbildung	Betriebswirtschaft	2
Fachausbildung	Organisation oder Revision	4
Spezialausbildung	alle Bereiche der EDV; BDSG	4
Berufserfahrung		
Grunderfahrung	Branchen- und Unternehmenskenntnisse	2
Facherfahrung	Organisation, Revision	4
Spezialerfahrung	mehrjährige EDV-Erfahrung	4
Besondere Fähigkeiten		
Selbständigkeit	analytische Begabung, Urteilsvermögen	4
Durchsetzungsvermögen	Entscheidungs- und Durchsetzungsvermögen	4
Belastbarkeit		1
Menschenführung	Fähigkeit zur Menschenführung	1
Kontaktpflege	zu inner- und außerbetrieblichen Stellen	2
Wissensweitergabe	pädagogische Fähigkeiten	2
Zuverlässigkeit	gegenüber Gesetzgeber u. Untern.-Führung	4
Charakterl. Eignung		4
Initiative	Mitwirkung bei der Entwicklung von Schutz-/Sicherungsmaßnahmen	2
Summe		50

Bewertung: 0 = keine Bedeutung; 1 = geringe Bedeutung; 2 = mittlere Bedeutung; 4 = große Bedeutung

Formular VII/05

FUTH	STELLENBESCHREIBUNG	erstellt am: erstellt durch:

Stellenbezeichnung:	Datenschutz- und Datensicherungsbeauftragter (Stabsstelle)
Unterstellung:	direkt dem Vorstandsvorsitzenden
Überstellung:	Sekretärin
Stellvertretung:	----

Informationsrecht

- er ist über alle gespeicherten personenbezogene Daten, deren Zwecke und Ziele sowie über deren regelmäßige Empfänger zu informieren (§ 29 Abs. 1 BDSG)
- er ist über alle neuen Schutz-/Sicherungsmaßnahmen zu informieren (Aktualität des Maßnahmenkataloges)

Informationspflicht

- er hat seinen Vorgesetzten über alle schwerwiegenden Abweichungen von den gesetzl. und betriebl. Bestimmungen des Datenschutzes und der Datensicherung zu informieren
- er hat die Aufsichtsbehörde über Verstöße gegen das BDSG zu informieren (§ 29 BDSG)

Ziel der Stelle

Sicherstellung des Datenschutzes und der Datensicherung im Unternehmen entspr. den gesetzlichen Bestimmungen und betrieblichen Regelungen

Besondere Befugnisse des Stelleninhabers

- direktes Vortragsrecht in Fragen des Datenschutzes und der Datensicherung bei der Unternehmensführung
- direktes Kontrollrecht im Hinblick auf Datenschutz und Datensicherung
- Empfehlungsrecht an die für den Datenschutz und die Datensicherung verantwortlichen Führungskräfte
- Mitwirkungsrecht bei der Personenauswahl entspr. § 29 Abs. 4 BDSG

Formular VII/06

Aufgaben der Stelle	Funktionen			
	F	B	D	K
Personenbezogener Datenschutz (entspr. BDSG)				
- Führen einer Übersicht über alle gespeicherten Personendaten			X	
- Führen einer Übersicht über Geschäftszwecke und Ziele betr. personenbezogene Daten			X	
- Führen einer Übersicht über die Empfänger von Personendaten			X	
- Überwachen der Programmanwendung bei der Verarbeitung von Personendaten				X
- die betr. Mitarbeiter des Unternehmens mit dem BDSG vertraut machen		X		
- Sicherstellen, daß die Vorschriften des BDSG bei der Speicherung, Übermittlung, Veränderung, Auskunft, Berichtigung, Löschung und Sperrung personenbezogener Daten eingehalten werden	X			
- Mitwirken bei der Auswahl der Sicherungskräfte		X		
Organisationsbezogener Datenschutz (entspr. betriebl. Regelg.)				
- Festlegen der Zielsetzungen für den Schutz von vertraulichen und geheimen Unternehmensdaten	X			
- Überwachen der Abläufe und Programme, die vertrauliche Daten und Geschäftsgeheimnisse verarbeiten				X
Datensicherung (entspr. betriebl. Regelungen)				
- Ausarbeiten von Richtlinien für die Datensicherung	X			
- Mitwirken bei der Entwicklung von Datensicherungssystemen und -vorschriften		X		
- Beraten der Unternehmensführung in der Datensicherung		X		
- Überwachen der Datensicherungsmaßnahmen				X
- Erteilen von Sicherungstestaten bei bedeutenden Projekten			X	
- enge Zusammenarbeit mit anderen internen u. externen Stellen			X	
- Beraten und Schulen von Sicherungskräften		X		

F = Führung, Entscheidung	B = Beratung, Mitwirkung	D = Durchführung	K = Kontrolle, Überwachung

FUTH	SCHULUNGSPLAN	erstellt am: erstellt durch:

Stelle: Datenschutz und Datensicherung Stellenbezeichnung: Datenschutz- und Datensicherungsbeauftragter Name: H. Flemming	Ausbildung ⊗ Weiterbildung ○ Anzahl Tage p.a.: 20

Schulungsrahmen: Ausbildung in EDV-Kenntnissen (Erweiterung), EDV-Organisation, EDV-Revision und in Gesetzesnormen, insbes. BDSG

Planung

Datum	Seminar	Anz. Tg.	Institut	Bemerkungen
1.-3.2.77	EDV-Revision	3	ABC, München.	
7.-8.3.77	BDSG	2	XYZ, Berlin	
18.-22.4.77	Sicherungsmaßnahmen bei DB-Techniken	5	ABC, München.	
2.-4.5.77	Programmierte Kontrollen	3	ABC, München.	
13.-15.6.77	Datenschutz u. Datensicherung	3	XYZ, Berlin	zusammen mit EDV-Leiter

Formular VII/07

Durchführung				
Datum	Seminar	Anz. Tg.	Institut	Bemerkungen
1.-3.2.77	EDV-Revision	3	ABC, München	empfehlenswert

- eine längere Kündigungsfrist (mindestens 6 Monate, besser 12 Monate, wenn möglich)

- die Herausgabe aller Unterlagen beim Ausscheiden des Mitarbeiters (soweit nicht ohnehin im Arbeitsvertrag vorgesehen) und

- gegebenenfalls der Abschluß einer Konkurrenzklausel (insbesondere bei Unternehmen mit einem hohen Anteil personenbezogener Daten).

Von seinen Aufgaben, Befugnissen und seiner Verantwortung gegenüber Gesetzgeber und Unternehmensführung her wird der Datenschutz- und Datensicherungsbeauftragte künftig zu den höchstbezahlten Mitarbeitern in der EDV zählen und in seinem Gehalt bei den unteren Führungskräften der EDV-Abteilung (Leiter EDV-Organisation, Leiter Programmierung, Leiter RZ) liegen.

5.2 Überwachungstechniken und Hilfsmittel

Ganz gleich, ob ein Datenschutz- oder Datensicherungsbeauftragter, ein EDV-Revisor oder ein externer Prüfer die Überprüfung vorhandener oder erforderlicher Schutz-/Sicherungsmaßnahmen vornehmen, er sollte sich bestimmter EDV-spezifischer Prüfungstechniken bedienen. Als Beispiel für solche Techniken seien genannt:

- die Mitwirkung bei der Formulierung von Ablaufsicherungen und programmierten Kontrollen

- der Prüftest mit Hilfe von Prüfdaten vor Freigabe eines Programms

- die Programmsimulation, d.h. die Überprüfung eines ganzen Programmkomplexes mit Hilfe von Prüfdaten

- die überraschende Teilnahme an einem echten Programmlauf

- das Verfolgen gekennzeichneter Daten auf ihren Weg durch das System

- die Veranlassung und Überprüfung von Katastrophenübungen

- die Auswertung von Maschinenprotokollen.

Als Hilfsmittel für die Überprüfung vorhandener oder fehlender Schutz-/Sicherungsmaßnahmen eignen sich am besten Checklisten, wie im Formular VII/08

CHECKLISTE
DATENSCHUTZ UND DATENSICHERUNG

dargestellt.

Solche Checklisten können nun mit oder ohne Bewertungssystem eingesetzt werden. Entscheidet man sich für eine quantitative Bewertung und Beurteilung der überprüften Maßnahmen, so sei das nachstehende System (siehe hierzu auch Formular VII/08) empfohlen. Es unterscheidet nach der Bedeutung, also der Gewichtung der betreffenden Schutz-/Sicherungsmaßnahme, unterteilt nach

0 = keine Bedeutung
1 = geringe Bedeutung
2 = mittlere Bedeutung
4 = große Bedeutung,

nach der durch den Prüfer gestgestellten Bewertung einer betreffenden Maßnahme, gegliedert in

0 = nicht vorhanden bzw. sehr schlecht gelöst
1 = teilweise vorhanden bzw. gerade noch akzeptabel gelöst

2 = vorhanden bzw. befriedigend bis gut gelöst
4 = in vollem Umfang vorhanden bzw. sehr gut gelöst,

nach dem Ergebnis, ausgedrückt als Multiplikation von Bedeutung mal Bewertung, und nach der Beurteilung des Ergebnisses, eingeteilt nach der Skala

0 = ungenügend
1 = ausreichend
2 = befriedigend bis gut
4 = sehr gut.

Die Beurteilungsnote in der letzten Spalte des Formulars gibt also an, wie eine Maßnahme - unter Berücksichtigung ihrer Bedeutung für das Unternehmen - verwirklicht ist:

- sehr gut
  (d.h. die Maßnahme ist völlig ausreichend, modern und wirtschaftlich gelöst)

- befriedigend bis gut
  (d.h. die Maßnahme ist ausreichend, jedoch nicht zweckmäßig und/oder nicht wirtschaftlich gelöst)

- ausreichend
  (d.h. die Maßnahme ist gerade noch akzeptabel gelöst, sollte aber ungedingt neu konzipiert und überarbeitet werden) oder

- ungenügend
  (d.h. die Maßnahme ist entweder nicht vorhanden oder völlig ungenügend gelöst, und es müssen dringend neue Maßnahmen ergriffen werden).

5.3 Checkliste Datenschutz und Datensicherung

Für die Verwendung der im Buch dargestellten Checkliste (Formular VII/08) gilt das gleiche wie im Falle des veröffentlichten Kataloges Schutz-/Sicherungsmaßnahmen: Die im folgenden aufgeführten Prüffragen können für den einzelnen Benutzer nur insoweit Gültigkeit haben, wie sie entweder gesetzlichen Vorschriften entsprechen oder dem Betrieb eines Rechenzentrums schlechthin zuzuordnen sind. Auch hier muß der Benutzer, der sich einen eigenen, betriebsindividuellen Checklisten-Katalog aufbauen will, die nicht benötigten Prüffragen entfernen und andere, für ihn zusätzliche wichtige Prüffragen hinzufügen.

Darüber hinaus muß sich der Benutzer entscheiden, ob er Checklisten mit oder ohne Bewertungsvermerke bevorzugt. Wir selbst haben die im Buch dargestellten Checklisten mit den beschriebenen Bewertungsmerkmalen versehen. Für den Fall, daß auf ein Bewertungssystem verzichtet wird, ist nur die Beurteilungsspalte im Formular zu verwenden.

FUTH	CHECKLISTE DATENSCHUTZ UND DATENSICHERUNG	erstellt am: erstellt durch:			
Nr.	**Check**	**Bedeutung**	**Bewertung**	**Ergebnis**	**Beurteilung**
1.0.0.00	Überprüfung der allgemeinen Schutz-/Sicherungsmaßnahmen				
1.1.0.00	Im Bereich der EDV-Strukturorganisation				
1.1.1.00	In den Fachabteilungen				
1.1.1.01	Wer darf bis zu welcher Kostenhöhe Umstellungsaufträge erteilen?				
1.1.1.02	Wer darf bis zu welcher Kostenhöhe Organisations- und Programmänderungen veranlassen?				
1.1.1.03	Wer ist in den Fachabteilungen für die fachlichen Kontrollen bei der Umstellung und Änderung verantwortlich?				
1.1.1.04	Ist festgelegt, wer in den Fachabteilungen welche Bewegungsdaten empfangen und bearbeiten darf, wer für die Weitergabe von Erfassungsbelegen und Datenträgern an das Rechenzentrum verantwortlich ist und wer welche Datenstationen benutzen darf?				
1.1.1.05	Gibt es klare Anweisungen darüber, wer in den Fachabteilungen zu welchen Datenbeständen (unterteilt nach Umfang und Zugriffsart) zugreifen, wer Eingabe- und Fehlerprotokolle korrigieren und die korrigierten Daten weiter- oder eingeben darf und wer welche Listen und Formulare vom Rechenzentrum erhält?				
1.1.1.06	Ist festgelegt, wer Stammdaten ändern, Daten nach Sicherheitsstufen klassifizieren und Belege und Datenträger höherer Sicherheitsstufen verwahren darf?				
1.1.1.07	Liegt fest, welche Mitarbeiter in den Fachabteilungen zur Vertraulichkeit bestimmter Daten nach dem BDSG und nach betrieblichen Regelungen verpflichtet sind?				

Formular VII/08

Nr.	Check	Bedeutung	Bewertung	Ergebnis	Beurteilung
1.1.2.00	<u>In der EDV-Abteilung</u>				
1.1.2.01	Haben alle Mitarbeiter der EDV-Abteilung aktuelle Stellenbeschreibungen?				
1.1.2.02	Sind alle Mitarbeiter der EDV-Abteilung mit dem BDSG und seinen Auswirkungen vertraut?				
1.1.2.03	Ist festgelegt, wer in der EDV-Abteilung mit Daten höherer Sicherheitsklassen umgehen darf?				
1.1.2.04	Gibt es eine Anweisung darüber, wer in der EDV-Abteilung für die Abwicklung von Umstellungen, Änderungen und RZ-Abläufen verantwortlich ist?				
1.1.2.05	Gibt es für die Programmierer einen Closed-Shop-Betrieb?				
1.1.2.06	Ist sichergestellt, daß noch nicht freigegebene Programme nicht in die Original-Programmbibliothek aufgenommen und keine Original-Dateien zu Testzwecken verwendet werden dürfen?				
1.1.2.07	Ist das Rechenzentrum ausreichend gegen das Betreten unbefugter Personen gesichert?				
1.1.2.08	Besteht im Rechenzentrum eine klare Funktionstrennung zwischen Planung/Vorbereitung, Durchführung und Kontrolle?				
1.1.2.09	Ist sichergestellt, daß die Operateure keine Daten über die Konsole eingeben und mindestens zwei Operateure gleichzeitig im Maschinenraum arbeiten?				
1.1.2.10	Ist genau festgelegt, wer innerhalb des Rechenzentrums für welche Schutz-/Sicherungsmaßnahmen verantwortlich ist?				
1.1.2.11	Können nur Systemprogrammierer und Datenbankverwalter neue Programme bzw. Datenbestände in Originalbibliotheken oder Datenbanken aufnehmen?				

FUTH	CHECKLISTE DATENSCHUTZ UND DATENSICHERUNG	erstellt am: erstellt durch:			
Nr.	**Check**	**Bedeu-tung**	**Bewer-tung**	**Ergeb-nis**	**Beurtei-lung**
1.1.2.12	Verfügen alle Mitarbeiter im Rechenzentrum über die für sie notwendigen Unterlagen und Informationen über den Datenschutz und die Datensicherung, und sind sie ausreichend in die Schutz-/Sicherungsbestimmungen eingewiesen?				
1.2.0.00	<u>Im Bereich der EDV-Ablauforganisation</u>				
1.2.1.00	<u>Bei EDV-Umstellungen und -Änderungen</u>				
1.2.1.01	Ist festgelegt, in welcher Form das Ergebnis der Voruntersuchung dokumentiert wird und die Auftragsvergabe für die Umstellung oder Änderung eines Projekts an die EDV-Abteilung erfolgt?				
1.2.1.02	Ist sichergestellt, daß die Prüfungen vor der Programmierung eines Projekts von den Fachabteilungen vorgenommen werden und diese bei der Erstellung der Testdaten und der Auswertung der Testergebnisse mitwirken?				
1.2.1.03	Ist festgelegt, daß aufgrund welcher Kriterien die Daten nach Schutz-/Sicherungsklassen klassifiziert werden?				
1.2.1.04	Gibt es eine Anweisung darüber, wer über die sachbezogenen programmierten Kontrollen und Abstimmungen in den Programmen entscheidet?				
1.2.1.05	Ist gewährleistet, daß funktionsbezogene Programmänderungen nur auf Antrag und mit Genehmigung der betreffenden Fachabteilung erfolgen dürfen?				
1.2.1.06	Gibt es Richtlinien darüber, welche Dokumentation je Projektstufe und nach Abschluß eines Umstellungsprojekts auszuarbeiten ist, wo diese Dokumentation verwahrt wird und welche Unterlagen die Fachabteilungen und das Rechenzentrum für die Arbeitsabwicklung erhalten?				

Formular VII/08

Nr.	Check	Bedeutung	Bewertung	Ergebnis	Beurteilung
1.2.1.07	Ist sichergestellt, daß alle Dokumentationsunterlagen, soweit sie fachbezogen sind, die Freigabevermerke der betreffenden Fachabteilungen tragen?				
1.2.1.08	Wird die Übergabe eines Umstellungsprojekts durch ein Übergabeprotokoll dokumentiert, das von allen beteiligten Stellen abgezeichnet ist?				
1.2.1.09	Werden alle Programmänderungen hinsichtlich Antragstellung, Genehmigung, Auftragsvergabe, Abnahme, Freigabe und Dokumentationsänderung dokumentiert?				
1.2.1.10	Sind geänderte Programme eindeutig mit Hilfe von Versionsnummern auseinander zu halten?				
1.2.1.11	Gibt es ein Organisationshandbuch für die EDV-Organisatoren mit Richtlinien und Normen für die Umstellungsarbeiten einschließlich Datenschutz und Datensicherung?				
1.2.1.12	Ist in einem Programmierhandbuch geregelt, welche Programmiersprachen anzuwenden sind, welche Richtlinien für die Programmstrukturierung gelten, welche Vorschriften über die Verwendung von Unter- und Standardprogrammen zu beachten sind, wie Programm-, Dateinamen usw. zu vergeben sind, welche Dokumentationsunterlagen in der Programmierung erstellt werden müssen, welche Vorschriften für den Ablauf des Closed-Shop-Testbetriebes zu beachten sind, wie Programmänderungen durchzuführen sind und wie die Zusammenarbeit mit der EDV-Organisation, der Arbeitsvorbereitung und der Systemprogrammierung erfolgt?				
1.2.1.13	Ist Sorge dafür getragen, daß der Abnahmetest für ein Programm nicht von dem Programmierer durchgeführt wird, der das Programm erstellt hat?				

FUTH	CHECKLISTE DATENSCHUTZ UND DATENSICHERUNG	erstellt am: erstellt durch:			
Nr.	Check	Bedeu-tung	Bewer-tung	Ergeb-nis	Beurtei-lung
1.2.1.14	Ist gewährleistet, daß bei Programm-änderungen auch die Programmdokumentation in allen Unterlagen umgehend geändert wird?				
1.2.2.00	<u>Bei EDV-Abwicklungen</u>				
1.2.2.01	Gibt es eine geschlossene Konzeption der Belegorganisation mit eindeutiger Regelung von Belegvorbereitung, Belegentstehung, Belegerstellung, Beleglauf und Belegentwertung?				
1.2.2.02	Werden alle Belege mit Belegnummern versehen?				
1.2.2.03	Unterliegen alle Belege, die sich mit besonderen wirtschaftlichen Vorgängen (Einnahmen und Ausgaben, Erträgen und Aufwendungen, Kosten und Leistungen u.ä.) befassen, einer besonderen Überwachung?				
1.2.2.04	Werden alle Belege im Zeitpunkt ihrer Entstehung und am Ort der zu verrechnenden Vorgänge gewonnen?				
1.2.2.05	Gibt es einen Belegartenplan, in dem die Nummernzuordnung, die Behandlung, die Buchungsart, die Verantwortlichkeit und die Genehmigungspflicht enthalten sind?				
1.2.2.06	Ist gewährleistet, daß alle vom Computer abgewiesenen Datensätze nur in den Fachabteilungen korrigiert und zum richtigen Zeitpunkt wieder in die Eingabe eingeordnet werden?				
1.2.2.07	Wird anhand von Ablochaufträgen, Laufzetteln oder Deckblättern zumindest eine stückzahlmäßige Vollständigkeitskontrolle (im einzelnen auch Mengen- oder Wertkontrollen) durchgeführt?				
1.2.2.08	Können Belegentwertungen nicht wieder aufgehoben werden?				

Formular VII/08

Nr.	Check	Bedeutung	Bewertung	Ergebnis	Beurteilung
1.2.2.09	Sind alle Datenerfassungsbelege nach einheitlichen, organisatorisch zweckmäßigen Gesichtspunkten aufgebaut?				
1.2.2.10	Sind bei allen buchhalterischen Vorgängen Gegenkontrollen vorhanden?				
1.2.2.11	Ist für jede Belegart ein überschaubarer Abstimmkreis vorhanden, so daß eine schnelle Einkreisung von Fehlern möglich ist?				
1.2.2.12	Werden alle buchungspflichtigen Geschäftsvorfälle journalisiert?				
1.2.2.13	Ist sichergestellt, daß bei allen buchungspflichtigen Vorgängen die handels- und steuerrechtlichen Vorschriften der Buchführung vollständig beachtet werden?				
1.2.2.14	Werden alle buchhalterischen Belege einschließlich der aufbewahrungspflichtigen Datenträger entsprechend den Aufbewahrungsfristen sicher aufbewahrt?				
1.2.2.15	Ist sichergestellt, daß auf den Transportwegen zwischen Fachabteilungen und Rechenzentrum Belege nicht vernichtet, verändert oder ergänzt werden können, und sind die Belege für das Rechenzentrum sicher verpackt und mit Begleitzetteln versehen?				
1.2.2.16	Ist festgelegt, welche Belege nach der Verarbeitung wie, wie lange und wo aufzubewahren sind?				
1.2.2.17	Ist sichergestellt, daß bei der Übertragung der Daten vom Erfassungsbeleg in Datenträger jeder Beleg erfaßt und kein Beleg zweimal erfaßt wird?				
1.2.2.18	Werden gegebenenfalls bereits bei der Erfassung Kontrollsummen gebildet bzw. Kontrollen selbst (z.B. Prüfziffernkontrolle) durchgeführt?				
1.2.2.19	Ist sichergestellt, daß jeder Eingabe-				

FUTH	CHECKLISTE DATENSCHUTZ UND DATENSICHERUNG	erstellt am: erstellt durch:			
Nr.	Check	Bedeutung	Bewertung	Ergebnis	Beurteilung
	satz vor seiner Verarbeitung manuell oder maschinell ausreichend geprüft wird?				
1.2.2.20	Gibt es für alle Aktivitäten der Datenerfassung, Dateneingabe, Stammdatenänderung, Korrektur von Fehlerprotokollen und Interpretation von Computerlisten schriftliche und eindeutige Arbeitsanweisungen?				
1.2.2.21	Haben Fachabteilungen und Rechenzentrum einen gemeinsamen Terminplan für wiederkehrende Arbeiten?				
1.2.2.22	Ist eindeutig geregelt, wer bei abweichenden Vorgängen (Ausnahmen, Computerabbrüchen usw.) in Fachabteilungen und Rechenzentrum verantwortlich ist?				
1.2.2.23	Erfolgt die Steuerung aller Arbeiten im Rechenzentrum aufgrund von Termin- und Belegungsplänen?				
1.2.2.24	Werden alle Arbeiten auf der EDV-Anlage lückenlos und mit den entsprechenden Arbeits- und Störungsschlüsseln manuell oder maschinell dokumentiert?				
1.2.2.25	Ist gewährleistet, daß alle Planungs- und Vorbereitungsarbeiten nicht von den Operateuren selbst, sondern durch die Arbeitsvorbereitung erfolgen?				
1.2.2.26	Arbeiten alle Stellen des Rechenzentrums nach schriftlichen Arbeits- und Bedienungsanleitungen?				
1.2.2.27	Wird der Belegdurchfluß (mit Hilfe von Begleitscheinen oder Durchlaufzetteln) in allen Stufen der Fachabteilungen und des Rechenzentrums festgehalten?				
1.2.2.28	Werden alle erfaßten Belege und bearbeiteten Datenträger genauso wie alle Programmläufe und bearbeiteten Dateien durch Entwertungen, Protokolle, Logbücher usw. gekennzeichnet?				

Formular VII/08

Nr.	Check	Bedeutung	Bewertung	Ergebnis	Beurteilung
1.2.2.29	Ist sichergestellt, daß über die Konsole nur Steueranweisungen, jedoch keine Daten von Hand eingegeben werden?				
1.2.2.30	Werden alle Vorgänge auf der EDV-Anlage protokolliert?				
1.2.2.31	Ist sichergestellt, daß alle Maschinenprotokolle zweifach bedruckt und endlos numeriert werden und das Original für Prüfzwecke sichergestellt wird?				
1.2.2.32	Werden für jede Datei und jeden Datenträger die Sicherheitsvorschriften (Drei-Generationen-Prinzip, Duplizierung, Auslagerung, besonderer Verschluß, Schreibringentfernung, Kennsatzprüfungen u.a.) beachtet?				
1.2.2.33	Ist sichergestellt, daß Druckbänder ohne Genehmigung nicht mehrfach ausgedruckt werden können?				
1.2.2.34	Werden nicht mehr benötigte Dateien, sofern sie besonderen gesetzlichen oder betrieblichen Bestimmungen unterliegen, sofort gesperrt oder gelöscht?				
1.2.2.35	Werden fehlerhafte Ausdrucke sofort und unter Aufsicht vernichtet?				
1.2.2.36	Ist das Drucken vertraulicher oder geheimer Daten gegen Einblicke geschützt?				
1.2.2.37	Ist sichergestellt, daß Vordruck-Formulare verschlossen gelagert und besonders geschützt werden?				
1.2.2.38	Werden Listen und Formulare sofort nach dem Druck separiert und geschnitten und anschließend ohne Zwischenlagerung an die betreffenden Fachabteilungen weitergegeben?				
1.2.2.39	Werden Eingabe- und Fehlerprotokolle und Datenträger umgehend den Fachabteilungen zugeleitet?				
1.2.2.40	Wertden Eingabe- und Fehlerprotokolle nur in den betreffenden Fachabteilungen korrigiert?				

FUTH	CHECKLISTE DATENSCHUTZ UND DATENSICHERUNG	erstellt am: erstellt durch:			
Nr.	Check	Bedeu-tung	Bewer-tung	Ergeb-nis	Beurtei-lung
1.2.2.41	Werden Störungen des Maschinenablaufs sowohl im Logbuch als auch gesondert auf einer Störungsmeldung festgehalten?				
1.2.2.42	Werden Magnetplatten und Magnetbänder ordnungsgemäß verwaltet, disponiert und gelagert?				
1.2.2.43	Erfolgen Eingabe- und Ausgabekontrollen sowie die Überwachung der Anlieferung von Belegen und Datenträgern sowie die Ablieferung von Formularen und Listen durch eine besondere Belegstelle im Rechenzentrum?				
1.2.2.44	Ist sichergestellt, daß das Kohlepapier von Endlosformularen vertraulicher und geheimer Berichte nach dem Trennvorgang sofort vernichtet wird?				
1.2.2.45	Ist sichergestellt, daß fehlerhafte Ausgaben (auf Datenträgern oder Listen) sofort gelöscht bzw. zerschnitten werden?				
1.2.2.46	Werden Konsol- und Systemprotokolle laufend geprüft und ausgewertet?				
1.2.2.47	Ist sichergestellt, daß Testprogramme nicht in die Original-Programmbibliothek aufgenommen und keine Originaldaten für Testzwecke benutzt werden können?				
1.2.2.48	Haben zum Band- und Plattenarchiv ausschließlich autorisierte Personen, die für das Archiv zuständig sind, Zutritt?				
1.2.2.49	Werden archivierte Datenbestände in regelmäßigen Abständen auf ihre Vollständigkeit überprüft?				

Formular VII/08

Nr.	Check	Bedeutung	Bewertung	Ergebnis	Beurteilung
1.3.0.00	Im Bereich der EDV-Personalorganisation				
1.3.1.00	Personalwesen				
1.3.1.01	Ist sichergestellt, daß alle Abteilungsfremde vom Rechenzentrum ferngehalten und die Mitarbeiter der EDV-Abteilung selbst bei allen Aktionen einwandfrei identifiziert werden können?				
1.3.1.02	Sind alle Führungs- und Schlüsselpositionen in der EDV-Abteilung mit verläßlichen Mitarbeitern besetzt?				
1.3.1.03	Werden Mäntel und Taschen außerhalb des RZ-Sicherheitsbereichs deponiert?				
1.3.1.04	Werden Mitarbeiter in Schlüsselpositionen (Systemprogrammierer, Datenbankverwalter u.ä.) im Einzelfall persönlich überwacht?				
1.3.1.05	Werden bei Bewerbern Lücken im Beschäftigungsnachweis genau geklärt?				
1.3.1.06	Werden Bewerber, die sehr oft einen Stellenwechsel vornehmen, besonders kritisch beurteilt?				
1.3.1.07	Werden Bewerber über Freiheitsstrafen oder sonstige anhängige Verfahren innerhalb der letzten 5 Jahre befragt?				
1.3.1.08	Werden bei Bewerbern besonders aufwendige Hobbys erforscht?				
1.3.1.09	Ist sichergestellt, daß eventuelle finanzielle Schwierigkeiten des Bewerbers aufgedeckt und Lohn- oder Gehaltspfändungen gegen den Bewerber überprüft werden?				
1.3.1.10	Wird nach im gleichen Betrieb beschäftigten Verwandten oder Freunden des Bewerbers gefragt, und werden Referenzen über den Bewerber bei früheren Arbeitgebern eingeholt?				
1.3.1.11	Sind Job-Rotation und Schichtarbeit vertraglich abgedeckt?				

FUTH	CHECKLISTE DATENSCHUTZ UND DATENSICHERUNG	erstellt am: / erstellt durch:			
Nr.	**Check**	**Bedeu-tung**	**Bewer-tung**	**Ergeb-nis**	**Beurtei-lung**
1.3.1.12	Werden die Möglichkeiten einer bewußten Einschleusung überprüft?				
1.3.1.13	Wird bei Ausländern die Zugehörigkeit zu bestimmten Organisationen bei der Einstellung überprüft?				
1.3.1.14	Werden bei exponierten Positionen polizeiliche Führungszeugnisse verlangt?				
1.3.1.15	Werden in den Arbeitsverträgen bei Mitarbeitern in Schlüsselpositionen Konkurrenzklauseln vereinbart?				
1.3.1.16	Werden durch eine fortlaufende, systematische Weiterbildung Nachlässigkeiten des Rechenzentrumspersonals reduziert und die Sicherheit erhöht?				
1.3.2.00	<u>Personalführung</u>				
1.3.2.01	Werden alle Umstellungsarbeiten nach den Grundsätzen des Projektmanagements vorgenommen?				
1.3.2.02	Ist festgelegt, welche Mitarbeiter im Rechenzentrum Dateien mit vertraulichem Inhalt oder Geschäftsgeheimnissen handhaben dürfen?				
1.3.2.03	Haben alle Mitarbeiter im EDV-Bereich Anstellungsverträge, aktuelle Stellenbeschreibungen und Anforderungsprofile?				
1.3.2.04	Sind in der Arbeitsordnung und in den Stellenbeschreibungen spezielle Sicherheitsbelange und die Forderungen des BDSG berücksichtigt?				
1.3.2.05	Sind für besonders sicherheitsrelevante Bereiche Sonderausweise ausgestellt?				
1.3.2.06	Sind die Werks- und Sonderausweise vor Veränderungen, Fälschungen und Mißbrauch geschützt?				
1.3.2.07	Ist der Verlust eines Ausweises glaub-				

Formular VII/08

Nr.	Check	Bedeutung	Bewertung	Ergebnis	Beurteilung
	haft nachzuweisen, und wird die Ausstellung eines Ersatzausweises erschwert?				
1.3.2.08	Sind alle Führungs- und Fachkräfte der EDV-Abteilung innerhalb ihrer Vertraulichkeitsstufe schriftlich zur Geheimhaltung vertraulicher und betrieblicher Informationen verpflichtet?				
1.3.2.09	Sind die Fragen von Personalersatz und Stellvertretung eindeutig geregelt?				
1.3.2.10	Wird für sicherheitsrelevante Aufgaben möglicherweise ein systematischer Arbeitsplatztausch durchgeführt?				
1.3.2.11	Werden Mitarbeiter, die sich oft um Tätigkeiten außerhalb ihres eigentlichen Aufgabengebietes kümmern, aufmerksam beobachtet?				
1.3.2.12	Wird Gründen für große Urlaubsrückstände und nur tageweise genommenen Urlaub gezielt nachgegangen?				
1.3.2.13	Werden auffällige Überstunden-Situationen überprüft?				
1.3.2.14	Wird gekündigten Mitarbeitern, mit denen eine Zusammenarbeit nicht mehr zumutbar ist oder die ein Sicherheitsrisiko darstellen, mit sofortiger Wirkung das Betreten des Rechenzentrums untersagt?				
1.3.2.15	Werden Mitarbeiter, die sich übergangen oder ungerecht behandelt fühlen, im Einzelfalle besonders beobachtet?				
1.3.2.16	Werden beim Ausscheiden von Mitarbeitern die Rückgabe von Schlüsseln, Ausweisen und vertraulichen Unterlagen sowie die Löschung von zugeteilten Sicherheitscodes wirksam überwacht?				

FUTH		CHECKLISTE DATENSCHUTZ UND DATENSICHERUNG	erstellt am: erstellt durch:			
Nr.	Check		Bedeutung	Bewertung	Ergebnis	Beurteilung
2.0.0.00	Überprüfung der objektbezogenen Schutz-/Sicherungsmaßnahmen					
2.1.0.00	Im Bereich der Anlagen und Einrichtungen					
2.1.1.00	Bei Gebäuden und Räumen					
2.1.1.01	Ist das RZ-Gebäude ein eigener Brandabschnitt und feuerbeständig oder feuerhemmend angelegt?					
2.1.1.02	Wird verhindert, daß aus den umgebenden Räumen Wasser in das Rechenzentrum eindringen kann?					
2.1.1.03	Wurden beim Bau oder Ausbau des Rechenzentrums die behördlichen Bauvorschriften und feuerhemmenden Maßnahmen nach DIN 4102 beachtet?					
2.1.1.04	Ist das RZ-Gebäude mit einer Blitzschutzanlage nach den Bestimmungen des Ausschusses für Blitzableiterbau (ABB) versehen?					
2.1.1.05	Sind Außenfenster aus Panzer-Mehrscheibenisolierglas oder Glasbausteinen, und sind sie zusätzlich durch Stahlgitter oder Profilrolladen geschützt?					
2.1.1.06	Sind die Eingangs- und Zugangstüren des Rechenzentrums ausreichend gesichert?					
2.1.1.07	Haben die Türen sichere Schlösser und Riegel?					
2.1.1.08	Sind die Trennwände und die Raumausstattung aus nicht brennbarem bzw. schwer entflammbaren und nicht schwelbarem Material?					
2.1.1.09	Ist der Bodenbelag gegen elektrostatische Aufladungen gesichert?					
2.1.1.10	Sind die elektrischen Installationen					

Formular VII/08

Nr.	Check	Bedeutung	Bewertung	Ergebnis	Beurteilung
	nach den Regeln der Elektrotechnik entsprechend VDE 0100 ausgeführt?				
2.1.1.11	Ist dafür gesorgt, daß in allen Notsituationen die EDV-Anlagen, Versorgungseinrichtungen und sonstigen elektrischen Installationen (mit Ausnahme der Notbeleuchtung) gut manuell abschaltbar sind, und sind die Notschalter gegen Versehen und Mißbrauch geschützt?				
2.1.1.12	Ist es möglich, bei längeren Betriebsunterbrechungen die gesamte elektrische Anlage spannungslos zu machen?				
2.1.1.13	Sind sonstige elektrische Einrichtungen mit Schutzschaltern gegen Übertemperatur ausgestattet?				
2.1.1.14	Sind die Leitungen für Nutz- oder Heizungswasser sowie für Gas und Dampf besonders gesichert und absperrbar?				
2.1.1.15	Sind sichere elektrische Einbruchmeldeanlagen, gekoppelt mit Polizeinotruf oder akustischen Alarmanlagen, vorhanden?				
2.1.1.16	Wurden bei den Feuerlöschanlagen die Vorschriften des Verbandes der Sachversicherer berücksichtigt?				
2.1.1.17	Sind alle Schächte, Filter und Öffnungen wirksam gegen Sabotage, Feuer, Wasser und Rauchentwicklung geschützt?				
2.1.1.18	Sind alle Kabeldurchführungen durch feuerbeständige Gebäudeteile rauchdicht oder mindestens feuerhemmend abgeschlossen?				
2.1.1.19	Sind in allen Räumen des Rechenzentrums sowie im Doppelboden und in den Kanälen der Klimaanlagen automatische Feuermelde- und Rauchmeldeanlagen sowie genügende Feuerlöscheinrichtungen vorhanden?				

FUTH	CHECKLISTE DATENSCHUTZ UND DATENSICHERUNG	erstellt am: / erstellt durch:			
Nr.	Check	Bedeutung	Bewertung	Ergebnis	Beurteilung
2.1.1.20	Ist bei einer automatischen Feuerlöschanlage während des RZ-Betriebes durch Alarmsignale sichergestellt, daß das Personal die Räume rechtzeitig vor dem Löschvorgang verlassen kann?				
2.1.1.21	Setzt das Alarmsignal jedes Feuer- und Rauchmelders automatisch die Klimaanlage außer Betrieb, schließt die Feuerklappen in den Klimakanälen und schaltet die EDV-Anlagen ab?				
2.1.1.22	Sind in allen Räumen des Rechenzentrums genügend CO_2-Handfeuerlöscher vorhanden, die den Vorschriften des Verbandes der Sachversicherer entsprechen?				
2.1.1.23	Werden bei Feueralarm und sonstigen Katastrophenfällen (möglichst automatisch) die betriebliche oder örtliche Feuerwehr und alle betreffenden betrieblichen Stellen benachrichtigt?				
2.1.1.24	Ist geregelt, wer die Maßnahmen in Katastrophenfällen koordiniert?				
2.1.1.25	Weisen alle Räume des Rechenzentrums gut gekennzeichnete Fluchtwege auf?				
2.1.1.26	Ist sichergestellt, daß sich in den Arbeitsräumen nur diejenigen Datenträger befinden, die unmittelbar für den Arbeitsablauf gebraucht werden?				
2.1.1.27	Sind auch die Lagerräume für Datenträger und Formulare gegen Katastrophen gesichert?				
2.1.1.28	Werden alle Magnetbänder und Magnetplatten nach der Benutzung verschlossen aufbewahrt?				
2.1.1.29	Sind vorhandene Datenschränke für die Lagerung von Magnetbändern und Magnetplatten nach dem VDMA-Einheitsblatt 24991 getestet?				

Formular VII/08

Nr.	Check	Bedeutung	Bewertung	Ergebnis	Beurteilung
2.1.1.30	Ist für alle Räume des RZ-Sicherheitsbereichs (Maschinenräume, Versorgungsräume, Archive) ein absolutes Rauchverbot erlassen, und wird dieses Verbot ständig eingehalten?				
2.1.1.31	Ist sichergestellt, daß Listen und Formulare nicht für längere Zeit in den Maschinenräumen gelagert werden?				
2.1.1.32	Wird die Verwendung brennbarer Putzmittel vermieden?				
2.1.1.33	Ist im Rechenzentrum ein aktuelles und jedem Mitarbeiter bekanntes Katastrophenhandbuch vorhanden?				
2.1.1.34	Wird jährlich ein- bis zweimal der Ernstfall für den Katastrophenschutz geprobt?				
2.1.1.35	Wird für den RZ-Sicherheitsbereich ein absoluter Closed-Shop-Betrieb bei entsprechenden organisatorischen Maßnahmen praktiziert?				
2.1.1.36	Besteht eine einwandfreie Zugangssicherung zu den Räumen des RZ-Sicherheitsbereichs mit Personenkontrolle?				
2.1.1.37	Gibt es für die An- und Ablieferung von Datenträgern, Listen und Formularen eine Belegschleuse?				
2.1.1.38	Werden Taschen und Mäntel des RZ-Personals außerhalb des Sicherheitsbereichs aufbewahrt?				
2.1.1.39	Gibt es eine Anweisung darüber, wer während der Dienstzeit welche Schlüssel besitzt und wo sie nach Dienstschluß zu deponieren sind?				
2.1.1.40	Sind auch für die anderen Räume außerhalb des Sicherheitsbereichs (Personalräume, Lagerräume, Archive usw.) entsprechend abgestufte Sicherheitsmaßnahmen vorhanden?				

FUTH	CHECKLISTE DATENSCHUTZ UND DATENSICHERUNG	erstellt am: erstellt durch:		
Nr.	**Check**	**Bedeu-tung**	**Bewer-tung**	**Ergeb-nis**	**Beurtei-lung**
2.1.1.41	Sind die EDV-Anlagen, DE-Geräte und DFÜ-Einrichtungen ausreichend gegen Katastrophen gesichert?				
2.1.1.42	Werden die Installations-, Bedienungs- und Wartungsvorschriften der Hersteller ausnahmslos eingehalten?				
2.1.1.43	Werden die Bestimmungen des Verbandes der Sachversicherer praktiziert?				
2.1.1.44	Ist die elektromagnetische Abschirmung des Rechenzentrums, soweit erforderlich, sichergestellt?				
2.1.1.45	Gibt es ausreichende Maßnahmen zur Sicherung der Betriebsbereitschaft durch Teil- oder Vollduplexanlagen, Ausweichrechenzentren oder manuelle Ausweichorganisation?				
2.1.1.46	Gibt es eine vollständige und laufende Dokumentation aller Benutzer der Anlagen, Geräte und Einrichtungen sowie der Benutzungsart?				
2.1.1.47	Werden die EDV-Anlagen durch eine von den DE-Geräten und Klimaanlagen getrennte und abgesicherte Hauptleitung versorgt?				
2.1.1.48	Ist im Falle eines Stromausfalls, soweit erforderlich, für eine geeignete unterbrechungsfreie Stromversorgung gesorgt?				
2.1.1.49	Gibt es für die EDV-Anlagen eine separate Klimaanlage mit den geforderten Werten für Temperatur, Feuchtigkeit und Staubfreiheit, und ist diese Klimaanlage mittelbar zu beheizen?				
2.1.1.50	Werden Über- und Unterschreitungen der zulässigen Klimawerte durch eine unabhängig von der Klimaanlage arbeitende Signalanlage optisch und akustisch angezeigt?				

Formular VII/08

Nr.	Check	Bedeutung	Bewertung	Ergebnis	Beurteilung
2.1.1.51	Führen Über- und Unterschreitungen der zulässigen Klimawerte zur automatischen Abschaltung der EDV-Anlage?				
2.1.1.52	Ist die Klimaanlage auch von Hand abschaltbar und der Schalter gegen Fehler und Mißbrauch ausreichend gesichert?				
2.1.1.53	Ist die Klimatisierung technisch einwandfrei gesichert, und stehen kurzfristig Wartungstechniker und Ersatzteile zur Verfügung?				
2.1.1.54	Sind die Klimakanäle für Zu- und Abluft an den Ein- und Austrittsstellen durch Brandschutzklappen gesichert, die automatisch von der Brandmeldeanlage geschlossen werden?				
2.1.1.55	Wird das Schließen der Ein- und Austrittsstellen akustisch oder optisch angezeigt, und sind die Brandschutzklappen gegen eine manuelle Betätigung gesichert?				
2.1.1.56	Sind die Öffnungen der Klimakanäle feuerhemmend gestaltet?				
2.1.1.57	Sind die Klimakanäle einschließlich ihrer Auskleidungen und Isolierungen aus nicht brennbarem Material gefertigt?				
2.1.1.58	Weisen alle Räume des Rechenzentrums die richtige Temperatur und relative Feuchtigkeit auf?				
2.1.1.59	Werden die Klimawerte mindestens ein- bis zweimal jährlich fachtechnisch überprüft?				
2.1.1.60	Wird der Grad der Luftverunreinigung mindestens ein- bis zweimal jährlich überprüft?				

FUTH	CHECKLISTE DATENSCHUTZ UND DATENSICHERUNG	erstellt am: erstellt durch:			
Nr.	Check	Bedeutung	Bewertung	Ergebnis	Beurteilung
2.2.0.00	<u>Im Bereich der Systeme</u>				
2.2.1.00	<u>Bei Arbeitsabläufen</u>				
2.2.1.01	Wird bei den Arbeitsabläufen auf die Risikoklasse der darin verarbeiteten Daten geachtet?				
2.2.1.02	Gibt es bei den Organisationsabläufen eine klare Verantwortungsabgrenzung zwischen Fachabteilungen und EDV-Abteilung?				
2.2.1.03	Besteht ein Abstimmsystem, mit dem die Vollständigkeit eines jeden Datenflusses kontrolliert werden kann?				
2.2.1.04	Sind alle Arbeitsabläufe ausreichend durch Dokumentation, unterteilt in System- und Programmdokumentation (problembezogen) und Arbeitsunterlagen (für die Handhabung des Ablaufs), gesichert?				
2.2.1.05	Ist absolut sichergestellt, daß mit jeder Programmänderung auch die Dokumentationsunterlagen geändert und ergänzt werden?				
2.2.1.06	Besteht eine sichere Benutzeridentifikation bei der Benutzung von Datenstationen?				
2.2.1.07	Werden neben dem Benutzer alle weiteren wesentlichen Systemelemente (Datenstation, Programme, Computereinheiten und Datenbestände) ausreichend gesichert?				
2.2.1.08	Gibt es ein sicheres und einwandfrei funktionierendes System der Prüfung der Zugriffsberechtigung mit genauer Festlegung, wer zu welchen Daten und mit welcher Zugriffsart (Lesen, Löschen, Ändern, Schreiben) zugreifen darf?				

Formular VII/08

Nr.	Check	Bedeutung	Bewertung	Ergebnis	Beurteilung
2.2.1.09	Ist sichergestellt, daß Daten, die einem besonderen Geheimnisschutz unterliegen, verschlüsselt übertragen und gespeichert werden?				
2.2.1.10	Ist für die Datenfernübertragung die geeignete software- oder hardwaremäßige Sicherung gewählt?				
2.2.2.00	<u>Bei Programmen</u>				
2.2.2.01	Sind alle Programme der System- und Anwendungssoftware einschließlich ihres Zwecks und ihrer Nutzung einwandfrei identifizierbar?				
2.2.2.02	Sind sowohl das Maschinenprogramm als auch das Quellenprogramm (durch Kopien und Auslagerungen) einwandfrei gesichert?				
2.2.2.03	Gibt es auch außerhalb des Rechenzentrums einen gesicherten Satz der Programmdokumentation?				
2.2.2.04	Ist sichergestellt, daß alle Dokumentationsunterlagen einschließlich alter Programmversionen entsprechend den Bestimmungen des HGB und der AO aufbewahrt werden?				
2.2.2.05	Sind Programme für die Datei- und Programmsicherung, für die Benutzeridentifizierung, Zugriffssicherung usw. besonders gesichert, und kann das Einfügen, Ändern und Ausschalten solcher Programme nur mit schriftlicher Genehmigung des EDV-Leiters erfolgen?				
2.2.2.06	Wird die Programmidentität vor Beginn einer Praxisarbeit ausreichend (am besten mit Hilfe eines besonderen Programms) überprüft?				
2.2.2.07	Welche hardware- und softwaremäßigen Sicherungen gibt es gegenüber nicht genügend ausgetesteten Programmen oder Programmen von Eindringlingen?				

FUTH	CHECKLISTE DATENSCHUTZ UND DATENSICHERUNG	erstellt am: erstellt durch:			
Nr.	**Check**	**Bedeu-tung**	**Bewer-tung**	**Ergeb-nis**	**Beurtei-lung**
2.2.2.08	Gibt es zusätzlich zu den Hardware- und Softwaresicherungen noch ein Bündel von Orgwaresicherungen für den Programmschutz, wie beispielsweise eine klare und schriftliche Programmvorgabe, ein modularer Programmaufbau mit Hilfe der normierten Programmierung, eine möglichst lineare Programmweise, die Verwendung von Entscheidungstabellen und Generatoren, die Unterbringung von Konstanten und Variablen in geschlossenen Speichertabellen, die Trennung der Programme für Originalarbeiten und Tests in getrennten Bibliotheken und möglicherweise die Bindung bestimmter Programme an bestimmte Zeiten mit Sperrfristen?				
2.2.2.09	Wird in ausreichender Weise von programmierten Kontrollen auf Vollständigkeit und Plausibilität eingegebener Datensätze Gebrauch gemacht, und haben Fachabteilungen und gegebenenfalls die Revision einen Einfluß auf diese Kontrollen?				
2.3.0.00	Im Bereich der Datenträger, Dateien und Datenbanken				
2.3.0.01	Ist eindeutig und schriftlich dokumentiert, welche Datenträger, Dateien und Datenbanken wann, wie oft und wie lange zu sichern sind?				
2.3.0.02	Werden Systemdateien mindestens einmal täglich durch Duplizierung und darüber hinaus wöchentlich gesichert und die Kopien sicher ausgelagert?				
2.3.0.03	Unterscheiden die Sicherungsmaßnahmen für Datenträger, Dateien und Datenbanken nach den unterschiedlichen Sicherungsklassen (betriebsinterne, vertrauliche und geheime Daten)?				

Formular VII/08

Nr.	Check	Bedeu-tung	Bewer-tung	Ergeb-nis	Beurtei-lung
2.3.0.04	Ist sichergestellt, daß Datenträger für Eingabe- und Ausgabedateien eine kurze Zeit für Wiederholungsläufe aufbewahrt werden?				
2.3.0.05	Ist sichergestellt, daß Eingabe- und Ausgabedateien nicht wiederholt verwendet werden?				
2.3.0.06	Werden Magnetband-Dateien streng nach dem Drei-Generationen-Prinzip gesichert, und welche Ausnahmen sind zulässig?				
2.3.0.07	Ist bei Stamm- und Bestandsdateien mit index-sequentieller oder gestreuter Speicherung das Sicherungsintervall einzeln festgelegt?				
2.3.0.08	Besteht Klarheit über den Umfang der Sicherungsmaßnahmen, den notwendigen Sicherheitsgrad, der höchstmöglichen vertretbaren Ausfallzeit und der Rekonstruktionszeit der einzelnen Dateien?				
2.3.0.09	Ist klar festgelegt, wie, wie oft und wie lange die einzelnen Stamm- und Bestandsdateien zu sichern sind?				
2.3.0.10	Welche Sicherungsmaßnahmen werden für Datenträger mit Datenbanken verwendet, und gestatten diese Sicherungsmaßnahmen auch die Reparatur zerstörter Datenbankbereiche im laufenden Betrieb?				
2.3.0.11	Ist für alle Datenträger mit Dateien und Datenbanken eine absolute Rekonstruktionsmöglichkeit vorhanden und kann die Rekonstruktion in akzeptabler Zeit durchgeführt werden?				
2.3.0.12	Ist festgelegt, nach welchem Verfahren (Zielkorrektur oder zyklische Fehlerkorrektur) bei der Programmprüfung entdeckte Fehler dokumentiert, storniert und wiedereingegeben werden?				
2.3.0.13	Ist sichergestellt, daß alle fehlerhaften Datensätze ohne Ausnahme wieder eingegeben werden?				

FUTH	CHECKLISTE DATENSCHUTZ UND DATENSICHERUNG	erstellt am: erstellt durch:			
Nr.	Check	Bedeutung	Bewertung	Ergebnis	Beurteilung
2.3.0.14	Werden alle Programmläufe, Benutzer und Zugriffe zu den Datenbeständen ausnahmslos protokolliert?				
2.3.0.15	Werden diese Protokolle laufend ausgewertet und geprüft, und gibt es hierfür sowohl ein Standard-Protokoll-Erfassungsprogramm als auch ein Standard-Protokoll-Auswertungsprogramm?				
2.3.0.16	Wurde der Einsatz des Mikrofilmverfahrens (COM) für die Protokollierung geprüft?				

Formular VII/08

6. Realisierung des Datenschutzes und der Datensicherung in den Unternehmen

Wie wird nun ein betriebsindividuelles Schutz-/Sicherungssystem in der Praxis realisiert? Wie muß man vorgehen? Aus welchen Stufen besteht die Realisierung? Wer ist für die Realisierung verantwortlich? Und welchen Zeitaufwand muß man hierfür ansetzen?

Bei der Realisierung des Datenschutzes und der Datensicherung im Unternehmen geht man am besten in folgenden Stufen vor:

1. Vorbereitung, Planung und Institutionalisierung

2. Bestandsaufnahme und Sicherung bereits vorhandener Schutz-/Sicherungsmaßnahmen

3. Entwicklung eines neuen Schutz-/Sicherungssystems

4. Kosten-/Nutzenanalyse

5. Einführung der neuen Schutz-/Sicherungsmaßnahmen

6. Ständige Anpassung und Weiterentwicklung des Schutz-/Sicherungssystems.

Die Bilder 10 und 11 (letzteres als Faltplan im Anhang untergebracht) zeigen den Ablauf der Realisierung in tabellarischer und in netzplanmäßiger Form.

FUTH	Realisierung Datenschutz u. Datensicherung	Bild 10 (1)

Aufgaben / Verantwortung	Untern.-Führg.	DS-Ausschuß	DS-Beauftragter	Rev.-Abteilung	EDV-Abteilung	Fachabteilungen	Werkschutz u.a.	Ø Zeitaufwand
<u>Vorbereitung, Planung u. Institutionalisierung</u>								
1. Festlegung der Zielsetzung und betrieblichen Rahmenregelungen	E							2 Wo.
2. Bildung eines Datenschutz- und Datensicherungsausschusses	E	D						2 Wo.
3. Auswahl und Ernennung eines Datenschutz- und Datensicherungsbeauftragten	E		D					2 Wo.
4. Ernennung von Sicherheitspersonal in EDV-Abteilung und Fachabteilungen		E	B	B	D	D		2 Wo.
5. Ausbildung des Datenschutz- und Datensicherungsbeauftragten		K	D		D			2 Mo.
6. Auswertung der Datenschutz- und Datensicherungsgesetze, insbes. des BDSG			B		D			2 Wo.
7. Ausarbeitung eines Aufgaben- und Terminplans		D	B	B	B			1 Mo.
8. Information der Mitarbeiter über die Zielsetzung und Rahmenregelungen von Datenschutz und Datensicherung		D	B	B				1 Wo.
<u>Bestandsaufnahme und Sicherung vorhandener Maßnahmen</u>								
9. Aufnahme der bereits vorhandenen Schutz-/Sicherungsmaßnahmen			B	B	D	D		2 Mo.
10. Überarbeitung der bereits vorhandenen Schutz-/Sicherungsmaßnahmen			B	B	D	D		1 Mo.
11. Schriftliche Festlegung und Durchsetzung der vorhand. Schutz-/Sicherungsmaßnahm.			B	B	D	D		1 Mo.

E = Entscheidung B = Beratung D = Durchführung K = Kontrolle

FUTH	Realisierung Datenschutz u. Datensicherung							Bild 10 (2)
Verantwortung / Aufgaben	Untern.-Führg.	DS-Ausschuß	DS-Beauftragter	Rev.-Abteilung	EDV-Abteilung	Fachabteilungen	Werkschutz u.a.	Ø Zeitaufwand
Entwicklung eines neuen Schutz-/Sicherungssystems								
12. Analyse der EDV-Risiken			B	B	D	D		1 Mo.
13. Kennzeichnung der Schutz-/Sich.-Objekte			B	B	D	D		1 Mo.
14. Festlegung der Anforderungen an ein Schutz-/Sicherungssystem		K	D	B	D	B	B	1 Mo.
15. Entwurf einer Gesamtkonzeption			B	B	D	D		1 Mo.
16. Integration der bereits vorhandenen Schutz-/Sicherungsmaßnahmen					D	D		1 Mo.
17. Ausarbeitung von zusätzlichen Schutz-/Sicherungsmaßnahmen			B	B	D			4 Mo.
18. Überprüfung des Systems auf Sicherungslücken und Überschneidungen			D	D	B		B	2 Mo.
Kosten-/Nutzenanalyse								
19. Ermittlung der Kosten u. des Nutzens					D			1 Mo.
20. Prüfung und Suche nach kostensparenden Alternativen					D			2 Wo.
21. Überprüfung der angebotenen EDV-Versicherungen			B		D			2 Wo.
Einführung der neuen Schutz-/Sicherungsmaßnahmen								
22. Ausarbeitung und Präsentation des Gesamtsystems			B	B	D			1 Mo.
23. Entscheidung über die Einführung	E	B	B	B			B	1 Wo.
24. Ausarbeitung eines Einführungs- und Schulungsplans			B	B	D		B	2 Mo.

E = Entscheidung B = Beratung D = Durchführung K = Kontrolle

FUTH	Realisierung Datenschutz u. Datensicherung	Bild 10 (3)

Aufgaben \ Verantwortung	Untern.-Führg.	DS-Ausschuß	DS-Beauftrg.	Rev.-Abteilung	EDV-Abteilung	Fachabteilungen	Werkschutz u.a.	Ø Zeitaufwand
25. Ausarbeitung von Schutz-/Sicherungshandbüchern			B	B	D		B	2 Mo.
26. Schulung des Sicherheitspersonals			B		D			1 Mo.
27. Schulung der sonstigen Personen			B		D			2 Mo.
28. Implementierung und Durchsetzung der neuen Schutz-/Sicherungsmaßnahmen			B	B	D	D	B	3 Mo.
29. Kontrolle und Überwachung der Einführung			K	K			K	2 Mo.
<u>Ständige Anpassung und Weiterentwicklung des Schutz-/Sicherungssystems</u>								
30. Durchführung von Katastrophenübungen und Ausweichsimulationen			B		D	D	D	--
31. Laufende Überwachung und Prüfung durch Datenschutz- und Datensicherungsbeauftragten			K	K				--
32. Beobachtung der EDV-Entwicklung und der Gesetzesänderungen			D		D			--
33. Anpassung an Entwicklung und Änderungen			B		D			--

E = Entscheidung B = Beratung D = Durchführung K = Kontrolle

Anhang

Bundes-Datenschutzgesetz (BDSG)

ERSTER ABSCHNITT

Allgemeine Vorschriften

§ 1

Aufgabe und Gegenstand des Datenschutzes

(1) Aufgabe des Datenschutzes ist es, durch den Schutz personenbezogener Daten vor Mißbrauch bei ihrer Speicherung, Übermittlung, Veränderung und Löschung (Datenverarbeitung) der Beeinträchtigung schutzwürdiger Belange der Betroffenen entgegenzuwirken.

(2) Dieses Gesetz schützt personenbezogene Daten, die
1. von Behörden oder sonstigen öffentlichen Stellen (§ 7),
2. von natürlichen oder juristischen Personen, Gesellschaften oder anderen Personenvereinigungen des privaten Rechts für eigene Zwecke (§ 22),
3. von natürlichen oder juristischen Personen, Gesellschaften oder anderen Personenvereinigungen des privaten Rechts geschäftsmäßig für fremde Zwecke (§ 31)

in Dateien gespeichert, verändert, gelöscht oder aus Dateien übermittelt werden.
Für personenbezogene Daten, die nicht zur Übermittlung an Dritte bestimmt sind und in nicht automatisierten Verfahren verarbeitet werden, gilt von den Vorschriften dieses Gesetzes nur § 6.

(3) Dieses Gesetz schützt personenbezogene Daten nicht, die durch Unternehmen oder Hilfsunternehmen der Presse, des Rundfunks oder des Films ausschließlich zu eigenen publizistischen Zwecken verarbeitet werden; § 6 Abs.1 bleibt unberührt.

§ 2

Begriffsbestimmungen

(1) Im Sinne dieses Gesetzes sind personenbezogene Daten Einzelangaben über persönliche oder sachliche Verhältnisse einer bestimmten oder bestimmbaren natürlichen Person (Betroffener).

(2) Im Sinne dieses Gesetzes ist
1. Speichern (Speicherung) das Erfassen, Aufnehmen oder Aufbewahren von Daten auf einem Datenträger zum Zwecke ihrer weiteren Verwendung.
2. Verändern (Veränderung) das inhaltliche Umgestalten gespeicherter Daten.
3. Übermitteln (Übermittlung) das Bekanntgeben gespeicherter oder durch Datenverarbeitung unmittelbar gewonnener Daten an Dritte in der Weise, daß die Daten durch die speichernde Stelle weitergegeben oder zur Einsichtnahme, namentlich zum Abruf bereitgehalten werden,
4. Löschen (Löschung) das Unkenntlichmachen gespeicherter Daten,

ungeachtet der dabei angewendeten Verfahren.

(3) Im Sinne dieses Gesetzes ist
1. speichernde Stelle jede der in § 1 Abs. 2 Nr. 1 bis 3 genannten Personen oder Stellen, die Daten für sich selbst speichert oder durch andere speichern läßt,
2. Dritter jede Person oder Stelle außerhalb der speichernden Stelle, ausgenommen der Betroffene oder diejenigen Personen und Stellen, die in den Fällen der Nummer 1 im Geltungsbereich dieses Gesetzes im Auftrag tätig werden.
3. eine Datei eine gleichartig aufgebaute Sammlung von Daten, die nach bestimmten Merkmalen erfaßt und geordnet, nach anderen bestimmten Merkmalen untergeordnet und ausgewertet werden kann, ungeachtet der dabei angewendeten Verfahren; nicht hierzu gehören Akten und Aktensammlungen, es sei denn, daß sie durch automatisierte Verfahren umgeordnet und ausgewertet werden können.

§ 3

Zulässigkeit der Datenverarbeitung

Die Verarbeitung personenbezogener Daten, die von diesem Gesetz geschützt werden, ist in jeder ihrer in § 1 Abs. 1 genannten Phasen nur zulässig, wenn
1. dieses Gesetz oder eine andere Rechtsvorschrift sie erlaubt oder
2. der Betroffene eingewilligt hat.

Die Einwilligung bedarf der Schriftform, soweit nicht wegen besonderer Umstände eine andere Form angemessen ist;

wird die Einwilligung zusammen mit anderen Erklärungen schriftlich erteilt, ist der Betroffene hierauf schriftlich besonders hinzuweisen.

§ 4

Rechte des Betroffenen

Jeder hat nach Maßgabe dieses Gesetzes ein Recht auf
1. Auskunft über die zu seiner Person gespeicherten Daten,
2. Berichtigung der zu seiner Person gespeicherten Daten, wenn sie unrichtig sind,
3. Sperrung der zu seiner Person gespeicherten Daten, wenn sich weder deren Richtigkeit noch deren Unrichtigkeit feststellen läßt oder nach Wegfall der ursprünglichen erfüllten Voraussetzungen für die Speicherung,
4. Löschung der zu seiner Person gespeicherten Daten, wenn ihre Speicherung unzulässig war oder - wahlweise neben dem Recht auf Sperrung - nach Wegfall der ursprünglich erfüllten Voraussetzungen für die Speicherung.

§ 5

Datengeheimnis

(1) Den im Rahmen des § 1 Abs. 2 oder im Auftrag der dort genannten Personen oder Stellen bei der Datenverarbeitung beschäftigten Personen ist untersagt, geschützte personenbezogene Daten unbefugt zu einem anderen als dem zur jeweiligen rechtmäßigen Aufgabenerfüllung gehörenden Zweck zu verarbeiten, bekanntzugeben, zugänglich zu machen oder sonst zu nutzen.

(2) Diese Personen sind bei der Aufnahme ihrer Tätigkeit nach Maßgabe von Absatz 1 zu verpflichten. Ihre Pflichten bestehen auch nach Beendigung ihrer Tätigkeit fort.

§ 6

Technische und organisatorische Maßnahmen

(1) Wer im Rahmen des § 1 Abs. 2 oder im Auftrag der dort genannten Personen oder Stellen personenbezogene Daten verarbeitet, hat die technischen und organisatorischen Maßnahmen zu treffen, die erforderlich sind, um die Ausführung der Vorschriften dieses Gesetzes, insbesondere die in der Anlage zu diesem Gesetz genannten Anforderungen zu gewährleisten. Erforderlich

sind Maßnahmen nur, wenn ihr Aufwand in einem angemessenen Verhältnis zu dem angestrebten Schutzzweck steht.

(2) Die Bundesregierung wird ermächtigt, durch Rechtsverordnung mit Zustimmung des Bundesrates die in der Anlage genannten Anforderungen nach dem jeweiligen Stand der Technik und Organisation fortzuschreiben. Stand der Technik und Organisation im Sinne dieses Gesetzes ist der Entwicklungsstand fortschrittlicher Verfahren. Einrichtungen oder Betriebsweisen, der die praktische Eignung einer Maßnahme zur Gewährleistung der Durchführung dieses Gesetzes gesichert erscheinen läßt. Bei der Bestimmung des Standes der Technik und Organisation sind insbesondere vergleichbare Verfahren, Einrichtungen oder Betriebsweisen heranzuziehen, die mit Erfolg im Betrieb erprobt worden sind.

ZWEITER ABSCHNITT

Datenverarbeitung der Behörden und sonstigen öffentlichen Stellen

§ 7

Anwendungsbereich

(1) Die Vorschriften dieses Abschnittes gelten für Behörden und sonstige öffentliche Stellen des Bundes, der bundesunmittelbaren Körperschaften, Anstalten und Stiftungen des öffentlichen Rechts sowie für Vereinigungen solcher Körperschaften, Anstalten und Stiftungen. Für öffentlich-rechtliche Unternehmen, die am Wettbewerb teilnehmen, gelten von den Vorschriften dieses Abschnittes jedoch nur die §§ 15 - 21.

(2) Soweit der Datenschutz nicht durch Landesgesetz geregelt ist, gelten die Vorschriften dieses Abschnittes mit Ausnahme der §§ 15 bis 21 auch für

1. Behörden und sonstige öffentliche Stellen der Länder, der Gemeinden und Gemeindeverbände und der sonstigen der Aufsicht des Landes unterstehenden juristischen Personen des öffentlichen Rechts und für deren Vereinigungen, soweit sie Bundesrecht ausführen.
2. Behörden und sonstige öffentliche Stellen der Länder, soweit sie als Organe der Rechtspflege tätig werden, ausgenommen in Verwaltungsangelegenheiten.

Für öffentlich-rechtliche Unternehmen, die am Wettbewerb teilnehmen und soweit sie die Voraussetzungen von Satz 1 Nr. 1 erfüllen, gelten die Vorschriften dieses Abschnittes nicht.

(3) Abweichend von den Absätzen 1 und 2 gelten anstelle der §§ 9 bis 14 die §§ 23 bis 27 entsprechend, soweit die Datenverarbeitung frühere, bestehende oder zukünftige dienst- oder arbeitsrechtliche Rechtsverhältnisse betrifft.

§ 8

Verarbeitung personenbezogener Daten im Auftrag

(1) Die Vorschriften dieses Abschnitts gelten für die in § 7 Abs. 1 und 2 genannten Stellen auch insoweit, als personenbezogene Daten in deren Auftrag durch andere Personen oder Stellen verarbeitet werden. In diesen Fällen ist der Auftragnehmer unter besonderer Berücksichtigung der Eignung der von ihm getroffenen technischen und organisatorischen Maßnahmen (§ 6 Abs. 1) sorgfältig auszuwählen.

(2) Die Vorschriften dieses Abschnitts gelten mit Ausnahme der §§ 15 bis 21 nicht für die in § 7 Abs. 1 und 2 genannten Stellen, soweit sie personenbezogene Daten im Auftrag verarbeiten. In diesen Fällen ist die Verarbeitung personenbezogener Daten in jeder ihrer in § 1 Abs. 1 genannten Phasen nur im Rahmen der Weisungen des Auftraggebers zulässig.

(3) Für juristische Personen, Gesellschaften und andere Personenvereinigungen des privaten Rechts, bei denen dem Bund oder einer bundesunmittelbaren Körperschaft, Anstalt oder Stiftung des öffentlichen Rechts die Mehrheit der Anteile gehört oder die Mehrheit der Stimmen zusteht, gelten die §§ 15 bis 21 entsprechend, soweit diese Personen oder Personenvereinigungen in den Fällen des Absatzes 1 Satz 1 im Auftrag tätig werden.

§ 9

Datenspeicherung und -veränderung

(1) Das Speichern und das Verändern personenbezogener Daten ist zulässig, wenn es zur rechtmäßigen Erfüllung der in der Zuständigkeit der speichernden Stelle liegenden Aufgaben erforderlich ist.

(2) Werden Daten beim Betroffenen auf Grund einer Rechtsvorschrift erhoben, dann ist er auf sie, sonst auf die Freiwilligkeit seiner Angaben hinzuweisen.

§ 10

Datenübermittlung innerhalb des öffentlichen Bereichs

(1) Die Übermittlung personenbezogener Daten an Behörden und sonstige öffentliche Stellen ist zulässig, wenn sie zur rechtmäßigen Erfüllung der in der Zuständigkeit der übermittelnden Stelle oder des Empfängers liegenden Aufgaben erforderlich ist. Unterliegen die personenbezogenen Daten einem Berufs- oder besonderen Amtsgeheimnis (§ 45 Satz 2 Nr. 1, Satz 3) und sind sie der übermittelnden Stelle von der zur Verschwiegenheit verpflichteten Personen in Ausübung ihrer Berufs- oder Amtspflicht übermittelt worden, ist für die Zulässigkeit der Übermittlung ferner erforderlich, daß der Empfänger die Daten zur Erfüllung des gleichen Zweckes benötigt, zu dem sie die übermittelnde Stelle erhalten hat.

(2) Die Übermittlung personenbezogener Daten an Stellen der öffentlich-rechtlichen Religionsgesellschaften ist in entsprechender Anwendung der Vorschriften über die Datenübermittlung an Behörden und sonstige öffentliche Stellen zulässig, sofern sichergestellt ist, daß bei dem Empfänger ausreichende Datenschutzmaßnahmen getroffen werden.

§ 11

Datenübermittlung an Stellen außerhalb des öffentlichen Bereichs

Die Übermittlung personenbezogener Daten an Personen und an andere Stellen als die in § 10 bezeichneten ist zulässig, wenn sie zur rechtmäßigen Erfüllung der in der Zuständigkeit der übermittelnden Stelle liegenden Aufgaben erforderlich ist oder soweit der Empfänger ein berechtigtes Interesse an der Kenntnis der zu übermittelnden Daten glaubhaft macht und dadurch schutzwürdige Belange des Betroffenen nicht beeinträchtigt werden. Unterliegen die personenbezogenen Daten einem Berufs- oder besonderen Amtsgeheimnis (§ 45 Satz 2 Nr. 1, Satz 3) und sind sie der übermittelnden Stelle von der zur Verschwiegenheit verpflichteten Person in Ausübung ihrer Berufs- oder Amtspflicht übermittelt worden, ist für die Zulässigkeit der

Übermittlung ferner erforderlich, daß die gleichen Voraussetzungen gegeben sind, unter denen sie die zur Verschwiegenheit verpflichtete Person übermitteln dürfte. Für die Übermittlung an Behörden und sonstige Stellen außerhalb des Geltungsbereichs dieses Gesetzes sowie an über- und zwischenstaatliche Stellen finden die Sätze 1 und 2 nach Maßgabe der für diese Übermittlung geltenden Gesetze und Vereinbarungen Anwendung.

§ 12

Veröffentlichung über die gespeicherten Daten

(1) Behörden und sonstige öffentliche Stellen geben

1. die Art der von ihnen oder in ihrem Auftrag gespeicherten personenbezogenen Daten
2. die Aufgaben, zu deren Erfüllung die Kenntnis dieser Daten erforderlich ist,
3. den betroffenen Personenkreis,
4. die Stellen, an die sie personenbezogene Daten regelmäßig übermitteln sowie
5. die Art der zu übermittelnden Daten

unverzüglich nach der ersten Einspeicherung in dem für ihren Bereich bestehenden Veröffentlichungsblatt für amtliche Bekanntmachungen bekannt. Auf Antrag sind dem Betroffenen die bisherigen Bekanntmachungen zugänglich zu machen.

(2) Absatz 1 gilt nicht

1. für die Behörden für Verfassungsschutz, den Bundesnachrichtendienst, den militärischen Abschirmdienst sowie andere Behörden des Bundesministers der Verteidigung, soweit die Sicherheit des Bundes berührt wird, das Bundeskriminalamt, die Behörden der Staatsanwaltschaft und der Polizei sowie für Bundes- und Landesfinanzbehörden, soweit sie personenbezogene Daten in Erfüllung ihrer gesetzlichen Aufgaben im Anwendungsbereich der Reichsabgabenordnung zur Überwachung und Prüfung in Dateien speichern.
2. für die personenbezogenen Daten, die deshalb nach § 14 Abs. 2 Satz 2 gesperrt sind, weil sie auf Grund gesetzlicher Aufbewahrungsvorschriften nicht nach § 14 Abs. 3 Satz 1 gelöscht werden dürfen,
3. für gesetzlich vorgeschriebene Register oder sonstige auf Grund von Rechts- oder veröffentlichten Verwaltungsvorschriften zu führende Dateien, soweit die Art der in ihnen gespeicherten personenbezogenen Daten, die Aufgaben, zu deren Erfüllung die Kenntnis dieser Daten erforderlich ist, der betroffene Personenkreis, die Stellen, an die per-

sonenbezogene Daten regelmäßig übermittelt werden, sowie die Art der zu übermittelnden Daten in Rechts- oder veröffentlichten Verwaltungsvorschriften festgelegt sind.

(3) Die Bundesregierung wird ermächtigt, durch Rechtsverordnung, die nicht der Zustimmung des Bundesrates bedarf, für die in § 7 Abs. 1 Satz 1 genannten Behörden und sonstigen öffentlichen Stellen das Veröffentlichungsblatt sowie das Verfahren der Veröffentlichung zu bestimmen. Die Landesregierungen werden ermächtigt, durch Rechtsverordnung für die in § 7 Abs. 2 Satz 1 genannten Behörden und sonstigen öffentlichen Stellen das Veröffentlichungsblatt sowie das Verfahren der Veröffentlichung zu bestimmen.

§ 13

Auskunft an den Betroffenen

(1) Dem Betroffenen ist auf Antrag Auskunft über die zu seiner Person gespeicherten Daten zu erteilen. In dem Antrag soll die Art der personenbezogenen Daten, über die Auskunft erteilt werden soll, näher bezeichnet werden. Die speichernde Stelle bestimmt das Verfahren, insbesondere die Form der Auskunftserteilung nach pflichtgemäßem Ermessen.

(2) Absatz 1 gilt in den Fällen des § 12 Abs. 2 Nr. 1 und 2.

(3) Die Auskunftserteilung unterbleibt, soweit

1. die Auskunft die rechtmäßige Erfüllung der in der Zuständigkeit der speichernden Stelle liegenden Aufgaben gefährden würde,
2. die Auskunft die öffentliche Sicherheit oder Ordnung gefährden oder sonst dem Wohle des Bundes oder eines Landes Nachteile bereiten würde,
3. die personenbezogenen Daten oder die Tatsache ihrer Speicherung nach einer Rechtsvorschrift oder ihrem Wesen nach namentlich wegen der überwiegenden berechtigten Interessen einer dritten Person, geheimgehalten werden müssen,
4. die Auskunft sich auf die Übermittlung personenbezogener Daten an die in § 12 Abs. 2 Nr. 1 genannten Behörden bezieht.

(4) Die Auskunftserteilung ist gebührenpflichtig. Die Bundesregierung wird ermächtigt, durch Rechtsverordnung mit Zustimmung des Bundesrates die gebührenpflichtigen Tatbestände und die Höhe der Gebühr näher zu bestimmen sowie Ausnahmen von der Gebührenpflicht zuzulassen. Die Gebühren dürfen nur zur Deckung des unmittelbar auf Amtshandlungen dieser Art entfallenden Verwaltungsauf-

wandes erhoben werden. Ausnahmen von der Gebührenpflicht sind insbesondere in den Fällen zuzulassen, in denen durch besondere Umstände die Annahme gerechtfertigt wird, daß personenbezogene Daten unrichtig oder unzulässig gespeichert werden, oder in denen die Auskunft zur Berichtigung oder Löschung gespeicherter personenbezogener Daten geführt hat. Im übrigen findet das Verwaltungskostengesetz Anwendung.

§ 14

Berichtigung, Sperrung und Löschung von Daten

(1) Personenbezogene Daten sind zu berichtigen, wenn sie unrichtig sind.

(2) Personenbezogene Daten sind zu sperren, wenn ihre Richtigkeit vom Betroffenen bestritten wird und sich weder die Richtigkeit noch die Unrichtigkeit feststellen läßt. Sie sind ferner zu sperren, wenn ihrer Kenntnis für die speichernde Stelle zur rechtmäßigen Erfüllung der in ihrer Zuständigkeit liegenden Aufgaben nicht mehr erforderlich ist.Gesperrte Daten sind mit einem entsprechenden Vermerk zu versehen; sie dürfen nicht mehr verarbeitet, insbesondere übermittelt, oder sonst genutzt werden, es sei denn, daß die Nutzung zu wissenschaftlichen Zwecken, zur Behebung einer bestehenden Beweisnot oder aus sonstigen im überwiegenden Interesse der speichernden Stelle oder eines Dritten liegenden Gründen unerläßlich ist oder der Betroffene der Nutzung zugestimmt hat.

(3) Personenbezogene Daten können gelöscht werden, wenn ihre Kenntnis für die speichernde Stelle zur rechtmäßigen Erfüllung der in ihrer Zuständigkeit liegenden Aufgaben nicht mehr erforderlich ist und kein Grund zu der Annahme besteht, daß durch die Löschung schutzwürdige Belange des Betroffenen beeinträchtigt werden. Sie sind zu löschen, wenn ihre Speicherung unzulässig war oder wenn es in den Fällen des Absatzes 2 Satz 2 der Betroffene verlangt.

§ 15

Durchführung des Datenschutzes in der Bundesverwaltung

Die obersten Bundesbehörden, der Vorstand der Deutschen Bundesbahn sowie die bundesunmittelbaren Körperschaften, Anstalten und Stiftungen des öffentlichen Rechts, über die von einer obersten Bundesbehörde lediglich Rechtsaufsicht ausgeübt wird, haben jeweils für ihren Geschäftsbereich die Ausführung dieses Gesetzes sowie anderer Rechtsvorschriften über den Datenschutz sicherzustellen. Sie haben insbesondere dafür zu sorgen, daß

1. eine Übersicht über die Art der gespeicherten personenbezogenen Daten und über die Aufgaben, zu deren Erfüllung die Kenntnis dieser Daten erforderlich ist, sowie über deren regelmäßige Empfänger geführt und
2. die ordnungsgemäße Anwendung der Datenverarbeitungsprogramme, mit deren Hilfe personenbezogene Daten verarbeitet werden sollen, überwacht wird.

§ 16

Allgemeine Verwaltungsvorschriften

Die obersten Bundesbehörden und der Vorstand der Deutschen Bundesbahn erlassen jeweils für ihren Geschäftsbereich allgemeine Verwaltungsvorschriften, die die Ausführung dieses Gesetzes, bezogen auf die besonderen Verhältnisse in dem jeweiligen Geschäftsbereich und die sich daraus ergebenden besonderen Erfordernisse für den Datenschutz, regeln.

§ 17

Bestellung eines Bundesbeauftragten für den Datenschutz

(1) Es ist ein Bundesbeauftragter für den Datenschutz zu bestellen. Der Bundesbeauftragte wird auf Vorschlag der Bundesregierung vom Bundespräsidenten ernannt. Er muß bei seiner Ernennung das 35. Lebensjahr vollendet haben.

(2) Der Bundesbeauftragte leistet vor dem Bundesminister des Innern folgenden Eid:

"Ich schwöre, daß ich meine Kraft dem Wohle des deutschen Volkes widmen, seinen Nutzen mehren, Schaden von ihm wenden, das Grundgesetz und die Gesetze des Bundes wahren und verteidigen, meine Pflichten gewissenhaft erfüllen und Gerechtigkeit gegen jedermann üben werde. So wahr mir Gott helfe."

Der Eid kann auch ohne religiöse Beteuerung geleistet werden.

(3) Die Amtszeit des Bundesbeauftragten beträgt fünf Jahre. Einmalige Wiederbestellung ist zulässig.

(4) Der Bundesbeauftragte steht nach Maßgabe dieses Gesetzes zum Bund in einem öffentlich-rechtlichen Amtsverhältnis. Er ist in Ausübung seines Amtes unabhängig und nur dem Gesetz unterworfen. Er untersteht der Rechtsaufsicht der Bundesregierung.

(5) Der Bundesbeauftragte wird beim Bundesminister des Innern eingerichtet. Er untersteht der Dienstaufsicht des Bundesministers des Innern. Dem Bundesbeauftragten ist die für die Erfüllung seiner Aufgaben notwendige Personal- und Sachausstattung zur Verfügung zu stellen; sie ist im Einzelplan des Bundesministers des Innern in einem eigenen Kapitel auszuweisen.

(6) Ist der Bundesbeauftragte vorübergehend an der Ausübung seines Amtes verhindert, kann der Bundesminister des Innern einen Vertreter mit der Wahrnehmung der Geschäfte beauftragen. Der Bundesbeauftragte soll dazu gehört werden.

§ 18

Rechtsstellung des Bundesbeauftragten für den Datenschutz

(1) Das Amtsverhältnis des Bundesbeauftragten für den Datenschutz beginnt mit der Aushändigung der Ernennungsurkunde. Es endet

1. mit Ablauf der Amtszeit,
2. mit der Entlassung.

Der Bundespräsident entläßt den Bundesbeauftragten, wenn dieser es verlangt oder auf Vorschlag der Bundesregierung, wenn Gründe vorliegen, die bei einem Richter auf Lebenszeit die Entlassung aus dem Dienst rechtfertigen. Im Falle der Beendigung des Amtsverhältnisses erhält der Bundesbeauftragte eine vom Bundespräsidenten vollzogene Urkunde. Eine Entlassung wird mit der Aushändigung der Urkunde wirksam. Auf Ersuchen des Bundesministers des Innern ist der Bundesbeauftragte verpflichtet, die Geschäfte bis zur Ernennung seines Nachfolgers weiterzuführen.

(2) Der Bundesbeauftragte darf neben seinem Amt kein anderes besoldetes Amt, kein Gewerbe und keinen Beruf ausüben und weder der Leitung oder dem Aufsichtsrat oder Verwaltungsrat eines auf Erwerb gerichteten Unternehmens noch einer Regierung oder einer gesetzgebenden Körperschaft des Bundes oder eines Landes angehören. Er darf nicht gegen Entgelt außergerichtliche Gutachten abgeben.

(3) Der Bundesbeauftragte hat dem Bundesminister des Innern Mitteilung über Geschenke zu machen, die er in bezug auf sein Amt erhält. Der Bundesminister des Innern entscheidet über die Verwendung der Geschenke.

(4) Der Bundesbeauftragte ist, auch nach Beendigung seines Amtsverhältnisses, verpflichtet, über die ihm amtlich bekanntgewordenen Angelegenheiten Verschwiegenheit zu bewahren. Dies gilt nicht für Mitteilungen im dienstlichen Verkehr oder über Tatsachen, die offenkundig sind oder ihrer Bedeutung nach keiner Geheimhaltung bedürfen. Der Bundesbeauftragte darf, auch wenn er nicht mehr im Amt ist, über solche Angelegenheiten ohne Genehmigung des Bundesministers des Innern weder vor Gericht noch außergerichtlich aussagen oder Erklärungen abgeben. Unberührt bleibt die gesetzlich begründete Pflicht, Straftaten anzuzeigen und bei Gefährdung der freiheitlichen demokratischen Grundordnung für deren Erhaltung einzutreten.

(5) Die Genehmigung, als Zeuge auszusagen, soll nur versagt werden, wenn die Aussage dem Wohle des Bundes oder eines deutschen Landes Nachteile bereiten oder die Erfüllung öffentlicher Aufgaben ernstlich gefährden oder erheblich erschweren würde. Die Genehmigung, ein Gutachten zu erstatten, kann versagt werden, wenn die Erstattung den dienstlichen Interessen Nachteile bereiten würde. § 28 des Gesetzes über das Bundesverfassungsgericht in der Fassung der Bekanntmachung vom 3. Februar 1971 (Bundesgesetzbl. I S. 105), geändert durch das Einführungsgesetz zum Strafgesetzbuch vom 2. März 1974 (Bundesgesetzbl. I S. 469), bleibt unberührt.

(6) Der Bundesbeauftragte erhält vom Beginn des Kalendermonats an, in dem das Amtsverhältnis beginnt, bis zum Schluß des Kalendermonats, in dem das Amtsverhältnis endet, im Falle des Absatz 1 Satz 6 bis zum Ende des Monats, in dem die Geschäftsführung endet, Amtsbezüge in Höhe der einem Bundesbeamten der Besoldungsgruppe B 9 zustehenden Besoldung. Das Bundesreisekostengesetz und das Bundesumzugskostengesetz sind entsprechend anzuwenden. Im übrigen sind die §§ 13 bis 20 des Bundesministergesetzes in der Fassung der Bekanntmachung vom 27. Juli 1971 (Bundesgesetzbl. I S. 1166), zuletzt geändert durch das Siebente Gesetz zur Änderung beamtenrechtlicher und besoldungsrechtlicher Vorschriften vom 20. Dezember 1974 (Bundesgesetzbl. I, S. 3716), mit der Maßgabe anzuwenden, daß an die Stelle der zweijährigen Amtszeit in § 15 Abs. 1 des Bundesministergesetzes eine Amtszeit von fünf Jahren tritt.

§ 19

Aufgaben des Bundesbeauftragten für den Datenschutz

(1) Der Bundesbeauftragte für den Datenschutz kontrolliert die Einhaltung der Vorschriften dieses Gesetzes sowie anderer Vorschriften über den Datenschutz bei den in § 7 Abs. 1 genannten Behörden und sonstigen öffentlichen Stellen des Bundes, ausgenommen die Gerichte, soweit sie nicht in Verwaltungsangelegenheiten tätig werden. Zu diesem Zwecke kann er Empfehlungen zur Verbesserung des Datenschutzes geben, insbesondere kann er die Bundesregierung und einzelne Minister sowie die übrigen in § 5 Abs. 1 genannten Behörden und sonstigen Stellen in Fragen des Datenschutzes beraten.

(2) Auf Anforderung des Deutschen Bundestages oder der Bundesregierung hat der Bundesbeauftragte Gutachten zu erstellen und Berichte zu erstatten. Außerdem erstattet er dem Deutschen Bundestag regelmäßig jährlich, erstmals zum 1.1.1979, einen Tätigkeitsbericht. Auf Ersuchen des Deutschen Bundestages, des Petitionsausschusses des Deutschen Bundestages oder der Bundesregierung kann der Bundesbeauftragte ferner Hinweisen auf Angelegenheiten und Vorgänge, die seinen Aufgabenbereich unmittelbar betreffen, nachgehen. Der Beauftragte kann sich jederzeit an den Deutschen Bundestag wenden.

(3) Die in Absatz 1 Satz 1 genannten Behörden und sonstigen Stellen sind verpflichtet, den Bundesbeauftragten und seine Beauftragen bei der Erfüllung ihrer Aufgaben zu unterstützen. Ihnen ist dabei insbesondere

1. Auskunft zu ihren Fragen sowie Einsicht in alle Unterlagen und Akten zu gewähren, die in Zusammenhang mit der Verarbeitung personenbezogener Daten stehen, namentlich in die gespeicherten Daten und in die Datenverarbeitungsprogramme;
2. jederzeit Zutritt in alle Diensträume zu gewähren.

Die Sätze 1 und 2 gelten für die in § 12 Abs. 2 Nr. 1 genannten Bundesbehörden mit der Maßgabe, daß die Unterstützung nur dem Bundesbeauftragten selbst und den von ihm schriftlich besonders damit betrauten Beauftragten zu gewähren ist. Satz 2 gilt für die in § 10 Abs. 2 Nr. 1 genannten Bundesbehörden nicht, soweit die jeweils zuständige oberste Bundesbehörde im Einzelfall feststellt, daß die Einsicht in Unterlagen und Akten die Sicherheit des Bundes oder eines Landes gefährdet.

(4) Der Bundesbeauftragte führt ein Register der automatisch betriebenen Dateien, in denen personenbezogene Daten gespeichert werden. Das Register kann von jedem eingesehen werden. Die in Absatz 1 Satz 1 genannten Behörden und sonstigen Stellen sind verpflichtet, die von ihnen automatisch betriebenen Dateien beim Bundesbeauf-

tragten anzumelden. Das Bundesamt für Verfassungsschutz, der Bundesnachrichtendienst und der militärische Abschirmdienst sind von der Meldepflicht ausgenommen. Zu den Dateien der übrigen in § 12 Abs. 2 Nr. 1 genannten Bundesbehörden wird ein besonderes Register geführt. Es beschränkt sich auf eine Übersicht über Art und Verwendungszweck. Satz 2 findet auf diese Register keine Anwendung. Das Nähere regelt der Bundesminister des Innern durch Rechtsverordnung.

(5) Der Bundesbeauftragte wirkt auf die Zusammenarbeit mit den Behörden und sonstigen öffentlichen Stellen, die für die Kontrolle der Einhaltung der Vorschriften über den Datenschutz in den Ländern zuständig sind, sowie mit den Aufsichtsbehörden nach § 30 hin.

§ 20

Beanstandungen durch den Bundesbeauftragten für den Datenschutz

(1) Stellt der Bundesbeauftragte für den Datenschutz Verstöße gegen die Vorschriften dieses Gesetzes oder gegen andere Datenschutzbestimmungen oder sonstige Mängel bei der Verarbeitung personenbezogener Daten fest, so beanstandet er dies

1. bei der Bundesverwaltung gegenüber der zuständigen obersten Bundesbehörde;
2. bei der Bundesbahn gegenüber dem Vorstand;
3. bei den bundesunmittelbaren Körperschaften, Anstalten und Stiftungen des öffentlichen Rechts sowie bei Vereinigungen solcher Körperschaften, Anstalten und Stiftungen gegenüber dem Vorstand oder dem sonst vertretungsberechtigten Organ

und fordert zur Stellungnahme innerhalb einer von ihm zu bestimmenden Frist auf. In den Fällen der Nummer 3 unterrichtet der Bundesbeauftragte gleichzeitig auch die zuständige Aufsichtsbehörde.

(2) Der Bundesbeauftragte kann von einer Beanstandung absehen oder auf eine Stellungnahme der betroffenen Stelle verzichten, wenn es sich um unerhebliche Mängel handelt.

(3) Mit der Beanstandung kann der Bundesbeauftragte Vorschläge zur Beseitigung der Mängel und zur sonstigen Verbesserung des Datenschutzes verbinden.

(4) Die gemäß Absatz 1 abzugebende Stellungnahme soll auch eine Darstellung der Maßnahmen enthalten, die auf Grund der Beanstandung des Bundesbeauftragten getrof-

fen worden sind. Die in Absatz 1 Nr. 3 genannten Stellen leiten der zuständigen Aufsichtsbehörde eine Abschrift ihrer Stellungnahme an den Bundesbeauftragten zu.

§ 21

Anrufung des Bundesbeauftragten für den Datenschutz

Jedermann kann sich an den Bundesbeauftragten für den Datenschutz wenden, wenn er der Ansicht ist, bei der Verarbeitung seiner personenbezogenen Daten durch die in § 7 Abs. 1 genannten Behörden oder sonstigen öffentlichen Stellen des Bundes, ausgenommen die Gerichte, soweit sie nicht in Verwaltungsangelegenheiten tätig werden, in seinen Rechten verletzt worden zu sein.

DRITTER ABSCHNITT

Datenverarbeitung nicht-öffentlicher Stellen für eigene Zwecke

§ 22

Anwendungsbereich

(1) Die Vorschriften dieses Abschnitts gelten für natürliche und juristische Personen, Gesellschaften und andere Personenvereinigungen des privaten Rechts, soweit sie geschützte personenbezogene Daten als Hilfsmittel für die Erfüllung ihrer Geschäftszwecke oder Ziele verarbeiten. Sie gelten mit Ausnahme der §§ 23 bis 30, nach Maßgabe von Satz 1 auch für öffentlich-rechtliche Unternehmen, die am Wettbewerb teilnehmen, soweit sie die Voraussetzungen von § 7 Abs. 1 Satz 1 oder § 7 Abs. 2 Satz 1 Nr. 1 erfüllen.

(2) Die Vorschriften dieses Abschnitts gelten für die in Absatz 1 genannten Personen, Gesellschaften und andere Personenvereinigungen auch insoweit,als personenbezogene Daten in deren Auftrag durch andere Personen oder Stellen verarbeitet werden. In diesen Fällen ist der Auftragnehmer unter besonderer Berücksichtigung der Eignung der von ihm getroffenen technischen und organisatorischen Maßnahmen (§ 6 Abs. 1) sorgfältig auszuwählen.

(3) Die Vorschriften dieses Abschnittes gelten nicht für die in Absatz 1 genannten Personen, Gesellschaften und anderen Personenvereinigungen, die Aufgaben der öffentlichen Verwaltung wahrnehmen.

§ 23

Datenspeicherung

Das Speichern personenbezogener Daten ist zulässig im Rahmen der Zweckbestimmung eines Vertragsverhältnisses oder vertragsähnlichen Vertrauensverhältnisses mit dem Betroffenen oder soweit es zur Wahrung berechtigter Interessen der speichernden Stelle erforderlich ist und kein Grund zur Annahme besteht, daß dadurch schutzwürdige Belange des Betroffenen beeinträchtigt werden. Abweichend von Satz 1 ist das Speichern in nicht automatisierten Verfahren zulässig, soweit die Daten unmittelbar aus allgemein zugänglichen Quellen entnommen sind.

§ 24

Datenübermittlung

(1) Die Übermittlung personenbezogener Daten ist zulässig im Rahmen der Zweckbestimmung eines Vertragsverhältnisses oder vertragsähnlichen Vertrauensverhältnisses mit dem Betroffenen oder soweit es zur Wahrung berechtigter Interessen der übermittelnden Stelle oder eines Dritten oder der Allgemeinheit erforderlich ist und dadurch schutzwürdige Belange des Betroffenen nicht beeinträchtigt werden. Personenbezogene Daten, die einem Berufs- oder besonderen Amtsgeheimnis (§ 45 Satz 2 Nr. 1, Satz 3) unterliegen und die von der zur Verschwiegenheit verpflichteten Person in Ausübung ihrer Berufs- oder Amtspflicht übermittelt worden sind, dürfen vom Empfänger nicht mehr weitergegeben werden.

(2) Abweichend von Absatz 1 ist die Übermittlung von listenmäßig oder sonst zusammengefaßten Daten über Angehörige einer Personengruppe zulässig, wenn sie sich auf

1. Namen,
2. Titel, akademische Grade,
3. Geburtsdatum,
4. Beruf, Branchen- oder Geschäftsbezeichnung,
5. Anschrift,
6. Rufnummer

beschränkt und kein Grund zur Annahme besteht, daß dadurch schutzwürdige Belange des Betroffenen beeinträchtigt werden. Zur Angabe der Zugehörigkeit des Betroffenen zu einer Personengruppe dürfen andere als die im vorstehenden Satz genannten Daten nicht übermittelt werden.

§ 25

Datenveränderung

Das Verändern personenbezogener Daten ist zulässig im Rahmen der Zweckbestimmung eines Vertragsverhältnisses oder vertragsähnlichen Vertrauensverhältnisses mit dem Betroffenen oder soweit es zur Wahrung berechtigter Interessen der speichernden Stelle erforderlich ist und kein Grund zur Annahme besteht, daß dadurch schutzwürdige Belange des Betroffenen beeinträchtigt werden.

§ 26

Auskunft an den Betroffenen

(1) Werden erstmals zur Person des Betroffenen Daten gespeichert, ist er darüber zu benachrichtigen, es sei denn, daß er auf andere Weise Kenntnis von der Speicherung erlangt hat.

(2) Der Betroffene kann Auskunft über die zu seiner Person gespeicherten Daten verlangen. Werden die Daten automatisch verarbeitet, kann der Betroffene auch Auskunft über die Personen und Stellen verlangen, an die seine Daten regelmäßig übermittelt werden. Er soll die Art der personenbezogenen Daten, über die Auskunft erteilt werden soll, näher bezeichnen. Die Auskunft wird schriftlich erteilt, soweit nicht wegen besonderer Umstände eine andere Form der Auskunftserteilung angemessen ist.

(3) Für die Auskunft kann ein Entgelt verlangt werden, das über die durch die Auskunftserteilung entstandenen direkt zurechenbaren Kosten nicht hinausgehen darf. Ein Entgelt kann in den Fällen nicht verlangt werden, in denen durch besondere Umstände die Annahme gerechtfertigt wird, daß personenbezogene Daten unrichtig oder unzulässig gespeichert werden, oder in denen die Auskunft ergeben hat, daß die personenbezogenen Daten zu berichtigen oder unter der Voraussetzung des § 27 Abs. 3 Satz 2 erster Halbsatz zu löschen sind.

(4) Die Absätze 1 und 2 gelten nicht, soweit

1. das Bekanntwerden personenbezogener Daten die Geschäftszwecke oder Ziele der speichernden Stelle erheblich gefährden würde und berechtigte Interessen des Betroffenen nicht entgegenstehen.
2. die zuständige öffentliche Stelle gegenüber der speichernden Stelle festgestellt hat, daß das Bekanntwerden der personenbezogenen Daten die öffentliche Sicherheit oder Ordnung gefährden oder sonst dem Wohle des Bundes oder eines Landes Nachteile bereiten würde.
3. die personenbezogenen Daten nach einer Rechtsvorschrift oder ihrem Wesen nach, namentlich wegen der überwiegenden berechtigten Interessen einer dritten Person, geheimgehalten werden müssen,
4. die personenbezogenen Daten unmittelbar aus allgemein zugänglichen Quellen entnommen sind,
5. die personenbezogenen Daten deshalb nach § 27 Abs. 2 Satz 2 gesperrt sind, weil sie auf Grund gesetzlicher, satzungsmäßiger oder vertraglicher Aufbewahrungsvorschriften nicht nach § 27 Abs. 3 Satz 1 gelöscht werden dürfen.

§ 27

Berichtigung, Löschung und Sperrung von Daten

(1) Personenbezogene Daten sind zu berichtigen, wenn sie unrichtig sind.

(2) Personenbezogene Daten sind zu sperren, wenn ihre Richtigkeit vom Betroffenen bestritten wird und sich weder die Richtigkeit noch die Unrichtigkeit feststellen läßt. Sie sind ferner zu sperren, wenn ihre Kenntnis für die Erfüllung des Zwecks der Speicherung nicht mehr erforderlich ist. Die Vorschriften über das Verfahren und die Rechtsfolgen der Sperrung in § 14 Abs. 2 Satz 3 gelten entsprechend.

(3) Personenbezogene Daten können gelöscht werden, wenn ihre Kenntnis für die Erfüllung des Zweckes der Speicherung nicht mehr erforderlich ist und kein Grund zur Annahme besteht, daß durch die Löschung schutzwürdige Belange des Betroffenen beeinträchtigt werden.
Sie sind zu löschen, wenn ihre Speicherung unzulässig war oder wenn es in den Fällen des Absatzes 2 Satz 2 der Betroffene verlangt.
Daten über gesundheitliche Verhältnisse, strafbare Handlungen, Ordnungswidrigkeiten sowie religiöse oder politische Anschauungen sind zu löschen, wenn ihre Richtigkeit von der speichernden Stelle nicht bewiesen werden kann.

§ 28

Bestellung eines Beauftragten für den Datenschutz

(1) Die in § 22 Abs. 1 und 2 genannten Personen, Gesellschaften und anderen Personenvereinigungen, die personenbezogene Daten automatisch verarbeiten und hierbei in der Regel mindestens fünf Arbeitnehmer ständig beschäftigen, haben spätestens binnen eines Monats nach Aufnahme ihrer Tätigkeit einen Beauftragten für den Datenschutz schriftlich zu bestellen. Das gleiche gilt, wenn personenbezogene Daten auf andere Weise verarbeitet werden und soweit hierbei in der Regel mindestens zwanzig Arbeitnehmer ständig beschäftigt sind.

(2) Zum Beauftragten für den Datenschutz darf nur bestellt werden, wer die zur Erfüllung seiner Aufgaben erforderliche Fachkunde und Zuverlässigkeit besitzt.

(3) Der Beauftragte für den Datenschutz ist dem Inhaber, dem Vorstand, dem Geschäftsführer oder dem sonstigen gesetzlich oder verfassungsmäßig berufenen Leiter unmittelbar zu unterstellen. Er ist bei Anwendung seiner Fachkunde auf dem Gebiet des Datenschutzes weisungsfrei. Er darf wegen der Erfüllung seiner Aufgaben nicht benachteiligt werden.

(4) Der Beauftragte für den Datenschutz ist von den nach Absatz 1 zu seiner Bestellung verpflichteten Personen, Gesellschaften oder anderen Personenvereinigungen bei der Erfüllung seiner Aufgaben zu unterstützen.

§ 29

Aufgaben des Beauftragten für den Datenschutz

Der Beauftragte für den Datenschutz hat die Ausführung dieses Gesetzes sowie anderer Vorschriften über den Datenschutz sicherzustellen. Zu diesem Zweck kann er sich in Zweifelsfällen an die Aufsichtsbehörde (§ 30) wenden. Er hat insbesondere

1. eine Übersicht über die Art der gespeicherten personenbezogenen Daten und über die Geschäftszwecke und Ziele, zu deren Erfüllung die Kenntnis dieser Daten erforderlich ist, über deren regelmäßige Empfänger sowie über die Art der eingesetzten automatisierten Datenverarbeitungsanlagen zu führen,

2. die ordnungsgemäße Anwendung der Datenverarbeitungsprogramme, mit deren Hilfe personenbezogene Daten verarbeitet werden sollen, zu überwachen.

3. die bei der Verarbeitung personenbezogener Daten tätigen Personen durch geeignete Maßnahmen mit den Vorschriften dieses Gesetzes sowie anderer Vorschriften über den Datenschutz, bezogen auf die besonderen Verhältnisse in diesem Geschäftsbereich und die sich daraus ergebenden besonderen Erfordernisse für den Datenschutz, vertraut zu machen.

4. bei der Auswahl der in der Verarbeitung personenbezogener Daten tätigen Personen beratend mitzuwirken.

§ 30

Aufsichtsbehörde

(1) Die nach Landesrecht zuständige Aufsichtsbehörde überprüft im Einzelfall die Ausführung dieses Gesetzes sowie anderer Vorschriften über den Datenschutz im Anwendungsbereich dieses Abschnitts, wenn ein Betroffener begründet darlegt, daß er bei der Verarbeitung seiner personenbezogenen Daten durch eine der in § 22 Abs. 1 und 2 genannten Personen, Gesellschaften oder anderen Personenvereinigungen in seinen Rechten verletzt worden ist. Sie hat den Beauftragten für den Datenschutz zu unterstützen, wenn er sich an sie wendet (§ 29 Abs.1 Satz 2).

(2) Die in § 22 Abs. 1 und 2 genannten Personen, Gesellschaften und anderen Personenvereinigungen sowie die mit deren Leitung beauftragten Personen haben der Aufsichtsbehörde auf Verlangen die für die Erfüllung ihrer Aufgaben erforderlichen Auskünfte unverzüglich zu erteilen. Der Auskunftspflichtige kann die Auskunft auf solche Fragen verweigern, deren Beantwortung ihn selbst oder einen der in § 383 Abs. 1 Nr. 1 bis 3 der Zivilprozeßordnung bezeichneten Angehörigen der Gefahr strafgerichtlicher Verfolgung oder eines Verfahrens nach dem Gesetz über Ordnungswidrigkeiten aussetzen würde.

(3) Die von der Aufsichtsbehörde mit der Überwachung beauftragten Personen sind befugt, soweit es zur Erfüllung der der Aufsichtsbehörde übertragenen Aufgaben, erforderlich ist, Grundstücke und Geschäftsräume der Stelle zu betreten, dort Prüfungen und Besichtigungen vorzunehmen und in die geschäftlichen Unterlagen, namentlich in die nach § 29 Nr. 1 vom Beauftragten für den Datenschutz zu führende Übersicht, in die gespeicherten personenbezogenen Daten und die Datenverarbeitungsprogramme Einsicht zu nehmen. Der Auskunftspflichtige hat diese Maßnahmen zu dulden. Das Grundrecht der Unverletzlichkeit der Wohnung (Artikel 13 des Grundgesetzes) wird insoweit eingeschränkt.

(4) Die Anwendung der Gewerbeordnung auf die den Vorschriften dieses Abschnittes unterliegenden Gewerbebetriebe bleibt unberührt.

(5) Die Landesregierungen oder die von ihnen ermächtigten Stellen bestimmen die für die Überwachung der Durchführung des Datenschutzes im Anwendungsbereich dieses Abschnittes zuständigen Aufsichtsbehörden.

VIERTER ABSCHNITT

Geschäftsmäßige Datenverarbeitung nicht-öffentlicher Stellen für fremde Zwecke

§ 31

Anwendungsbereich

(1) Für natürliche und juristische Personen, Gesellschaften und andere Personenvereinigungen des privaten Rechts sowie für öffentlich-rechtliche Unternehmen, die am Wettbewerb teilnehmen, soweit sie die Voraussetzungen von § 7 Abs. 1 Satz 1 oder § 7 Abs. 2 Satz 1 Nr. 1 erfüllen, gelten

1. die §§ 32 bis 35, soweit diese Stellen geschäftsmäßig geschützte personenbezogene Daten zum Zwecke der Übermittlung speichern und übermitteln; dabei ist es unerheblich, ob die Daten von der Übermittlung verändert werden.
2. § 36, soweit diese Stellen geschäftsmäßig geschützte personenbezogene Daten zum Zwecke der Veränderung speichern, sie derart verändern, daß diese Daten sich weder auf eine bestimmte Person beziehen noch eine solche erkennen lassen (anonymisieren), und sie in dieser Form übermitteln.
3. § 37, soweit diese Stellen geschäftsmäßig geschützte personenbezogene Daten im Auftrag als Dienstleistungsunternehmen verarbeiten.

Für natürliche und juristische Personen, Gesellschaften und andere Personenvereinigungen des privaten Rechts gelten außerdem die §§ 38 bis 40. Satz 2 gilt nicht für juristische Personen, Gesellschaften und andere Personenvereinigungen des privaten Rechts, bei denen der öffentlichen Hand die Mehrheit der Anteile gehört oder die Mehrheit der Stimmen zusteht, soweit diese Personen oder Personenvereinigungen geschäftsmäßig geschützte personenbezogene Daten im Auftrag von Behörden oder sonstigen öffentlichen Stellen als Dienstleistungsunternehmen verarbeiten; § 8 Abs. 3 bleibt unberührt.

(2) Die in Absatz 1 genannten Vorschriften gelten für die dort genannten Personen, Gesellschaften und anderen Personenvereinigungen auch insoweit, als die Verarbeitung personenbezogener Daten in deren Auftrag durch andere Personen oder Stellen betrieben wird. In diesen Fällen ist der Auftragnehmer unter besonderer Berücksichtigung der Eignung der von ihm getroffenen technischen und organisatorischen Maßnahmen (§ 6 Abs. 1) sorgfältig auszuwählen.

§ 32

Datenspeicherung und -übermittlung

(1) Das Speichern personenbezogener Daten ist zulässig, soweit kein Grund zur Annahme besteht, daß dadurch schutzwürdige Belange des Betroffenen beeinträchtigt werden. Abweichend vom Satz 1 ist das Speichern zulässig, soweit die Daten unmittelbar aus allgemein zugänglichen Quellen entnommen sind.

(2) Die Übermittlung von personenbezogenen Daten ist zulässig, wenn der Empfänger ein berechtigtes Interesse an ihrer Kenntnis glaubhaft dargelegt hat. Die Gründe für das Vorliegen eines berechtigten Interesses und die Mittel für ihre glaubhafte Darlegung sind aufzuzeichnen.

(3) Abweichend von Absatz 2 Satz 1 ist die Übermittlung von listenmäßig oder sonst zusammengefaßten Daten über Angehörige einer Personengruppe zulässig, wenn sie sich auf Namen, Titel, akademische Grade, die Anschrift sowie auf eine Angabe über die Zugehörigkeit des Betroffenen zu dieser Personengruppe beschränkt und kein Grund zur Annahme besteht, daß dadurch schutzwürdige Belange des Betroffenen beeinträchtigt werden.

§ 33

Datenveränderung

Das Verändern personenbezogener Daten ist zulässig, soweit dadurch schutzwürdige Belange des Betroffenen nicht beeinträchtigt werden.

§ 34

Auskunft an den Betroffenen

(1) Werden erstmals zur Person des Betroffenen Daten übermittelt, ist er über die Speicherung zu benachrichtigen, es sei denn, daß er auf andere Weise von der Speicherung Kenntnis erlangt hat. Satz 1 gilt nicht für Übermittlungen nach § 32 Abs. 3.

(2) Der Betroffene kann Auskunft über die zu seiner Person gespeicherten Daten verlangen. Werden die Daten automatisch verarbeitet, kann der Betroffene Auskunft auch über die Personen und Stellen verlangen, an die seine Daten regelmäßig übermittelt werden. Die Auskunft wird schriftlich erteilt, soweit nicht wegen besonderer Umstände eine andere Form der Auskunftserteilung angemessen ist.

(3) Für die Auskunft kann ein Entgelt verlangt werden, das über die durch die Auskunftserteilung entstandenen direkt zurechenbaren Kosten nicht hinausgehen darf. Ein Entgelt kann in den Fällen nicht verlangt werden, in denen durch besondere Umstände die Annahme gerechtfertigt wird, daß personenbezogene Daten unrichtig oder unzulässig gespeichert werden oder in denen die Auskunft ergeben hat, daß die personenbezogenen Daten zu berichtigen oder unter der Voraussetzung des § 35 Abs. 3 Satz 2 erster Halbsatz zu löschen sind.

(4) Die Absätze 1 und 2 gelten nicht, soweit das Bekanntwerden der personenbezogenen Daten überwiegende berechtigte Interessen einer dritten Person schädigen oder nach Feststellung durch die zuständige öffentliche Stelle gegenüber der speichernden Stelle die öffentliche Sicherheit und Ordnung gefährden oder sonst dem Wohle des Bundes oder eines Landes Nachteile bereiten würde.

§ 35

Berichtigung, Löschung und Sperrung von Daten

(1) Personenbezogene Daten sind zu berichtigen, wenn sie unrichtig sind.

(2) Personenbezogene Daten sind zu sperren, wenn ihre Richtigkeit vom Betroffenen bestritten wird und sich weder die Richtigkeit noch die Unrichtigkeit feststellen läßt. Sie sind ferner am Ende des fünften Kalenderjahres nach ihrer Einspeicherung zu sperren. Die Vorschriften über das Verfahren und die Rechtsfolgen der Sperrung in § 14 Abs. 2 Satz 3 gelten entsprechend.

(3) Personenbezogene Daten können gelöscht werden, soweit kein Grund zur Annahme besteht, daß dadurch schutzwürdige Belange des Betroffenen beeinträchtigt werden.
Sie sind zu löschen, wenn ihre Speicherung unzulässig war oder wenn es in den Fällen des Absatzes 2 Satz 2 der Betroffene verlangt.
Daten über gesundheitliche Verhältnisse, strafbare Handlungen, Ordnungswidrigkeiten sowie religiöse oder politische Anschauungen sind zu löschen, wenn ihre Richtigkeit von der speichernden Stelle nicht bewiesen werden kann.

§ 36

Verarbeitung personenbezogener Daten zum Zwecke der Übermittlung in anonymisierter Form

(1) Die in § 31 Abs. 1 Nr. 2 genannten Personen, Gesellschaften und anderen Personenvereinigungen sind verpflichtet, die gespeicherten personenbezogenen Daten zu anonymisieren. Die Merkmale, mit deren Hilfe anonymisierte Daten derart verändert werden können, daß sie sich auf eine bestimmte Person beziehen oder eine solche erkennen lassen, sind gesondert zu speichern. Diese Merkmale dürfen mit den anonymisierten Daten nicht mehr zusammengeführt werden, es sei denn, daß die dadurch ermöglichte Nutzung der Daten noch für die Erfüllung des Zweckes der Speicherung oder zu wissenschaftlichen Zwecken erforderlich ist.

(2) Für die Veränderung und Löschung personenbezogener Daten gelten § 33 und § 35 Abs. 3 Satz 1 und Satz 2 erster Halbsatz entsprechend.

(3) Bei automatischer Datenverarbeitung ist die Durchführung der in Absatz 1 vorgesehenen Maßnahmen durch entsprechende Vorkehrungen sicherzustellen.

§ 37

Verarbeitung personenbezogener Daten im Auftrag

Den in § 31 Abs. 1 Nr. 3 genannten Personen, Gesellschaften und anderen Personenvereinigungen ist die Verarbeitung personenbezogener Daten in jeder ihrer in § 1 Abs. 1 genannten Phasen nur im Rahmen der Weisungen des Auftraggebers gestattet.

§ 38

Beauftragter für den Datenschutz

Die in § 31 genannten Personen, Gesellschaften und anderen Personenvereinigungen haben einen Beauftragten für den Datenschutz zu bestellen. Die Vorschriften über den Beauftragten für den Datenschutz in § 28 und § 29 gelten entsprechend.

§ 39

Meldepflichten

(1) Die in § 31 genannten Personen, Gesellschaften und anderen Personenvereinigungen sowie ihre Zweigniederlassungen und unselbständigen Zweigstellen haben die Aufnahme ihrer Tätigkeit bei der zuständigen Aufsichtsbehörde binnen eines Monats anzumelden.

(2) Bei der Anmeldung sind folgende Angaben zu dem bei der Aufsichtsbehörde geführten Register mitzuteilen:

1. Name oder Firma der Stelle,
2. Inhaber, Vorstände, Geschäftsführer oder sonstige gesetzliche oder verfassungsmäßig berufene Leiter und die mit der Leitung der Datenverarbeitung beauftragten Personen,
3. Anschrift,
4. Geschäftszwecke oder Ziele der Stelle und der Datenverarbeitung,
5. Art der eingesetzten automatisierten Datenverarbeitungsanlagen,
6. Name des Beauftragten für den Datenschutz,
7. Art der von ihr oder in ihrem Auftrag gespeicherten personenbezogenen Daten,
8. bei regelmäßiger Übermittlung personenbezogener Daten Empfänger und Art der übermittelten Daten.

(3) Absatz 1 gilt für die Beendigung der Tätigkeit sowie für die Änderung der nach Absatz 2 mitgeteilten Angaben entsprechend.

§ 40

Aufsichtsbehörde

(1) Die nach Landesrecht zuständige Aufsichtsbehörde überwacht die Ausführung dieses Gesetzes sowie anderer Vorschriften über den Datenschutz im Anwendungs-

bereich dieses Abschnittes; sie nimmt insbesondere auch die in § 30 Abs. 1 genannten Aufgaben wahr. Sie führt das Register über die nach § 39 Abs. 1 anmeldepflichtigen Stellen; das Register kann von jedem eingesehen werden.

(2) Die übrigen Vorschriften über die Aufsichtsbehörde in § 30 Abs. 2 bis 5 finden entsprechende Anwendung.

FÜNFTER ABSCHNITT

Straf- und Bußgeldvorschriften

§ 41

Straftaten

(1) Wer unbefugt von diesem Gesetz geschützte personenbezogene Daten, die nicht offenkundig sind,

1. übermittelt oder verändert oder
2. abruft oder sich aus in Behältnissen verschlossenen Dateien verschafft,

wird mit Freiheitsstrafe bis zu einem Jahr oder mit Geldstrafe bestraft.

(2) Handelt der Täter gegen Entgelt oder in der Absicht, sich oder einen anderen zu bereichern oder einen anderen zu schädigen, so ist die Strafe Freiheitsstrafe bis zu zwei Jahren oder Geldstrafe.

(3) Die Tat wird nur auf Antrag verfolgt.

§ 42

Ordnungswidrigkeiten

(1) Ordnungswidrig handelt, wer vorsätzlich oder fahrlässig

1. entgegen § 34 Abs. 1, § 26 Abs. 1 den Betroffenen nicht benachrichtigt,
2. entgegen § 28 Abs. 1, § 38 in Verbindung mit § 28 Abs. 1 einen Beauftragten für den Datenschutz nicht oder nicht rechtzeitig beruft,

3. entgegen § 34 Abs. 2 Satz 2 die dort bezeichneten Gründe oder Mittel nicht aufzeichnet,
4. entgegen § 39 Abs. 1 oder 3 eine Meldung nicht oder nicht rechtzeitig erstattet oder entgegen § 39 Abs. 2 oder 3 bei einer solchen Meldung die erforderlichen Angaben nicht, nicht richtig oder nicht vollständig mitteilt,
5. entgegen § 30 Abs. 2 Satz 1, § 40, Abs. 2 in Verbindung mit § 30 Abs. 2 Satz 1 eine Auskunft nicht, nicht richtig, nicht vollständig oder nicht rechtzeitig erteilt oder entgegen § 30 Abs. 3 Satz 2, § 40 Abs. 2 in Verbindung mit § 30 Abs. 3 Satz 2 den Zutritt zu den Grundstücken oder Geschäftsräumen oder die Vornahme von Prüfungen oder Besichtigungen oder die Einsicht in geschäftliche Unterlagen nicht duldet.

(2) Die Ordnungswidrigkeit kann mit einer Geldbuße bis zu fünfzigtausend Deutsche Mark geahndet werden.

SECHSTER ABSCHNITT

Übergangs- und Schlußvorschriften

§ 43

Übergangsvorschriften

(1) Die Veröffentlichung über personenbezogene Daten (§ 12), die beim Inkrafttreten des Gesetzes schon gespeichert waren, hat binnen eines Jahres nach Inkrafttreten des Gesetzes zu erfolgen.

(2) Die in § 28 Abs. 1, § 38 in Verbindung mit § 29 Abs. 1 und § 29 Abs. 1 genannten Verpflichtungen treten für die Personen, Gesellschaften und anderen Personenvereinigungen, die bei Inkrafttreten des Gesetzes personenbezogene Daten verarbeiten, mit dem Inkrafttreten des Gesetzes ein.

(3) Sind zur Person des Betroffenen bereits vor dem Inkrafttreten des Gesetzes Daten gespeichert worden, so ist der Betroffene darüber nach § 26 Abs. 1 zu benachrichtigen, wenn die Daten erstmals nach dem Inkrafttreten des Gesetzes übermittelt worden sind.

(4) Sind die zur Person des Betroffenen gespeicherten Daten bereits vor dem Inkrafttreten des Gesetzes übermittelt worden, so ist der Betroffene über die Speicherung nach § 34 Abs. 1 zu benachrichtigen, wenn die Daten erstmals nach dem Inkrafttreten des Gesetzes übermittelt worden sind.

§ 44

Anwendung des Verwaltungsverfahrensgesetzes

Für die Ausführung dieses Gesetzes ist das Verwaltungsverfahrensgesetz auch insoweit anzuwenden, als sie den Ländern obliegt.

§ 45

Weitergehende Vorschriften

Soweit besondere Rechtsvorschriften des Bundes auf in Dateien gespeicherte personenbezogene Daten anzuwenden sind, gehen sie den Vorschriften dieses Gesetzes vor. Zu den vorrangigen Vorschriften gehören namentlich:

1. Vorschriften über die Geheimhaltung von dienstlichen oder sonst in Ausübung des Berufs erworbenen Kenntnissen, z.B. § 12 des Gesetzes über die Statistik für Bundeszwecke vom 3. September 1953 (Bundesgesetzblatt I S. 1314), § 30 der Abgabenordnung, § 9 des Gesetzes über das Kreditwesen vom 10. Juli 1961 (Bundesgesetzbl. I S. 881), §§ 5, 6 des Gesetzes über das Postwesen, §§ 10, 11 des Fernmeldeanlagengesetzes;

2. Vorschriften über das Zeugnis- oder Auskunftsverweigerungsrecht aus persönlichen oder berufsbedingten Gründen in Gerichts- und Verwaltungsverfahren, z.B. §§ 52 bis 55 der Strafprozeßordnung, §§ 383, 384 der Zivilprozeßordnung, §§ 102 und 105 der Abgabenordnung;

3. Vorschriften über die Verpflichtung, die Beschränkung oder das Verbot der Speicherung, Übermittlung oder Veröffentlichung von Einzelangaben über Personen, z.B. § 161 der Strafprozeßordnung, §§ 20 und 22 des Arbeitsförderungsgesetzes vom 25. Juni 1969 (Bundesgesetzbl. I S. 582), § 49 des Bundeszentralregistergesetzes;

4. Vorschriften über die Beschränkung der Einsicht in Unterlagen durch Dritte, z.B. § 61 Abs. 2, 3 des Personenstandsgesetzes, § 36 des Gesetzes über das

Verwaltungsverfahren der Kriegsopferversorgung vom 2. Mai 1955 (Bundesgesetzbl. I S. 202);

5. Vorschriften über die Einsicht des Beamten oder Arbeitnehmers in seine Personalunterlagen, z.B. § 90 des Bundesbeamtengesetzes, § 83 des Betriebsverfassungsgesetzes;

6. Vorschriften über die Auskunftspflicht von Behörden an Bürger über die zu ihrer Person gespeicherten Daten, z.B. § 1325 der Reichsversicherungsordnung, § 104 des Angestelltenversicherungsgesetzes, § 108 h des Reichsknappschaftsgesetzes;

7. Vorschriften über die Übermittlung, Berichtigung und Löschung von in öffentlichen Registern aufgeführten personenbezogenen Daten, z.B. §§ 19, 23, 27 Abs. 2, §§ 31, 37 Abs. 1, §§ 39 bis 47 und § 58 des Bundeszentralregistergesetzes, § 30 des Straßenverkehrsgesetzes, § 13 a der Straßenverkehrs-Zulassungs-Ordnung, § 12 und der 2. Abschnitt der Grundbuchordnung;

8. Vorschriften über die Verpflichtung zur Verarbeitung personenbezogener Daten bei der Rechnungslegung einschließlich Buchführung und sonstiger Aufzeichnungen, z.B. §§ 38 bis 40, §§ 42 bis 47 des Handelsgesetzbuches, §§ 140 bis 148 der Abgabenordnung, § 8 der VOPR Nr. 30/53 über die Preise bei öffentlichen Aufträgen vom 21. November 1953 (Bundesanzeiger Nr. 244), § 71 der Bundeshaushaltsordnung.

Die Verpflichtung zur Wahrung der in § 203 Abs. 1 des Strafgesetzbuches genannten Berufsgeheimnisse, z.B. des ärztlichen Geheimnisses, bleibt unberührt.

§ 46

Berlin-Klausel

Dieses Gesetz gilt nach Maßgabe des § 13 Abs. 1 des Dritten Überleitungsgesetzes vom 4. Januar 1952 (Bundesgesetzbl. I S. 1) auch im Land Berlin. Rechtsverordnungen, die auf Grund dieses Gesetzes erlassen werden, gelten im Lande Berlin nach § 14 des Dritten Überleitungsgesetzes.

§ 47

Inkrafttreten

Dieses Gesetz tritt am 1. Januar 1978 in Kraft. Abweichungen davon treten in Kraft:

1. § 12 Abs. 3, § 13 Abs. 4, §§ 16 und 19 Abs. 4 Satz 8 am Tage nach der Verkündigung des Gesetzes.

2. §§ 17, 18, 28 und 38 am 1. Juli 1977.

3. § 6 und die Anlage zu § 6 Abs. 1 Satz 1 am 1. Januar 1979.

Anlage zu § 6 Abs. 1 Satz 1

Werden personenbezogene Daten automatisch verarbeitet, sind zur Ausführung der Vorschriften dieses Gesetzes Maßnahmen zu treffen, die je nach der Art der zu schützenden personenbezogenen Daten geeignet sind,

1. Unbefugten den Zugang zu Datenverarbeitungsanlagen, mit denen personenbezogene Daten verarbeitet werden, zu verwehren (Zugangskontrolle),

2. Personen, die bei der Verarbeitung personenbezogener Daten tätig sind, daran zu hindern, daß sie Datenträger unbefugt entfernen (Abgangskontrolle),

3. die unbefugte Eingabe in den Speicher sowie die unbefugte Kenntnisnahme, Veränderung oder Löschung gespeicherter personenbezogener Daten zu verhindern (Speicherkontrolle),

4. die Benutzung von Datenverarbeitungssystemen, aus denen oder in die personenbezogene Daten durch selbsttätige Einrichtungen übermittelt werden, durch unbefugte Personen zu verhindern (Benutzerkontrolle),

5. zu gewährleisten, daß die zur Benutzung eines Datenverarbeitungssystems Berechtigten durch selbsttätige Einrichtungen ausschließlich auf die ihrer Zugriffsberechtigung unterliegenden personenbezogenen Daten zugreifen können (Zugriffskontrolle),

6. zu gewährleisten, daß überprüft und festgestellt werden kann, an welche Stellen personenbezogene Daten durch selbsttätige Einrichtungen übermittelt werden können (Übermittlungskontrolle),

7. zu gewährleisten, daß nachträglich überprüft und festgestellt werden kann, welche personenbezogenen Daten zu welcher Zeit von wem in Datenverarbeitungssysteme eingegeben worden sind (Eingabekontrolle),

8. zu gewährleisten, daß personenbezogene Daten, die im Auftrag verarbeitet werden, nur entsprechend den Weisungen des Auftraggebers verarbeitet werden können (Auftragskontrolle),

9. zu gewährleisten, daß bei der Übermittlung personenbezogener Daten sowie beim Transport entsprechender Datenträger diese nicht unbefugt gelesen, verändert oder gelöscht werden können (Transportkontrolle),

10. die innerhebördliche oder innerbetriebliche Organisation so zu gestalten, daß sie den besonderen Anforderungen des Datenschutzes gerecht wird (Organisationskontrolle).

Begriffserklärungen

A

Abnahmetest	Programmtest, bei dem geprüft wird, ob ein Programm oder Programmkomplex einwandfrei funktioniert und für die Praxisarbeit freigegeben werden kann
Adresse oder Speicheradresse	fortlaufende Numerierung des internen Speichers
Adreßraum	Begriff aus der virtuellen Speichertechnik, bei der jedes Programm im Hauptspeicher einen unabhängigen Bereich (Adreßraum) besitzt
Ändern	hier: Begriff aus der Speichertechnik, bei dem ein bestehender Datensatz teilweise geändert wird
Allgemeine Schutz-/Sicherungsmaßnahmen	organisatorische und personelle Maßnahmen für den Datenschutz und die Datensicherung, nicht auf ein bestimmtes Objekt bezogen

Anforderungen an Datenschutz	Verhinderung und Erkennung von Risikoereignissen sowie Korrektur und Rekonstruktion von Datenbeständen
Anforderungsprofil	Zusammenfassung aller Anforderungen, die an einen Mitarbeiter gestellt werden, unterteilt nach Schulbildung, Ausbildung, Berufserfahrung und besondere Fähigkeiten
Anlagen/Einrichtungen	Objekte von Datenschutz und Datensicherung, z.B. RZ-Gebäude, EDV-Anlagen, DE-Geräte, DFÜ-Einrichtungen, Stromversorgungs- und Klimaanlagen sowie sonstige Einrichtungen
Anwendungsdatei	gespeicherter Datenbestand für Praxisanwendungen Gegensatz: Systemdatei
Anwendungssoftware	Ausdruck für die Gesamtheit aller Benutzerprogramme
Arbeitsablauf oder Datenfluß	Zusammenfassung aller manuellen und maschinellen Arbeitsschritte für die Abwicklung eines Arbeitsgebiets
Arbeitsanweisung	schriftliche Anweisung für Datenaufnahme, Datenerfassung und Handhabung von EDV-Anlagen
Arbeitsschlüssel	Kennzeichnung der Arbeiten auf einer EDV-Anlage, unterteilt nach Originalarbeit, Programmtests,

	Programmwiederholung, Reparatur, Stillstand usw.
Arbeitsvorbereitung	Stelle des Rechenzentrums, in der die Arbeiten des Rechenzentrums geplant und vorbereitet werden
Archiv	Stelle des Rechenzentrums (meist der Arbeitsvorbereitung zugeordnet) für die Aufbewahrung und Verwaltung der Datenträger, Formulare und Dokumentationsunterlagen
Archivar	Mitarbeiter des Archivs
Archivnummer	laufende Nummer der Datenträger im Archiv, ohne Bezug auf bestimmte Dateien
arithmetische Manipulation	Verfahren der kryptographischen Chiffrierung, bei der die Zeichen einer Nachricht nach einfachen mathematischen Regeln vertauscht werden
AO	Kurzform für Abgabenordnung
Aufbewahrung der Handelsbücher nach AO	Bücher und sonstige Aufzeichnungen können nach § 91 AO auch auf Datenträgern geführt werden, soweit diese Formen der Buchführung einschließlich des dabei angewandten Verfahrens den Grundsätzen ordnungsgemäßer Buchführung entsprechen

Ausgabedatei	Datei, meist auf Magnetband oder Magnetplatte gespeichert, zur Ausgabe von Daten in Schriftform (Schnelldrucker) oder zur Übertragung an eine Datenstation
Ausgabekontrolle	manuelle Kontrolle der ausgegebenen Listen und Formulare, meist anhand von Systemprotokollen, durch die Kontrolle/ Abstimmung
Auskunftspflicht	Pflicht der Firmen nach dem BDSG zur Auskunft an Betroffene, wenn erstmals personenbezogene Daten gespeichert werden, es sei denn, daß der Betroffene auf andere Weise Kenntnis von der Speicherung erlangt hat
Ausweichrechenzentrum	benachbartes Rechenzentrum, auf das der Anwender im Falle eines länger anhaltenden Ausfalls der eigenen Anlage ausweichen kann
automatisierte Verfahren	mit Ausnahme des § 6 (technische und organisatorische Maßnahmen) gilt das BDSG nicht für Firmen, die personenbezogene Daten ausschließlich für eigene Zwecke und nicht automatisch verarbeiten

B

Bandarchiv	Schränke oder Regale in einem besonders geschützten Raum zur sicheren Aufbewahrung von Magnetbändern

Befugnistabelle	Begriff aus der Zugriffskontrolle, bei der alle Benutzer, die zu einem bestimmten Datenbestand zugreifen dürfen, innerhalb einer Befugnistabelle gespeichert werden
Beleg	Dokumentation von Daten in schriftlicher Form, unterschieden nach Uraufschreibungs- und Datenerfassungsbeleg
Belegdurchfluß	Aufzeichnung der Belegweitergabe zwischen den einzelnen Stellen des Unternehmens
Belegorganisation	zweckmäßige Ordnung der Belege, ihrer Kennzeichnung, Erstellung, Weitergabe und Übertragung in Datenträger
Belegstelle	anderer Ausdruck für Kontrolle/Abstimmung
Benutzeridentifikation	softwaremäßige Maßnahme zur einwandfreien Identifizierung der EDV-Benutzer, meist in Verbindung mit dem Einsatz von Datenstationen
Benutzertabelle	Begriff aus der Zugriffskontrolle, bei der jeder Benutzer, der zu einem Datenbestand zugreifen darf, innerhalb einer Benutzertabelle gespeichert wird
Benutzungsart	Kennzeichnung der Arbeit auf der EDV-Anlage; siehe Arbeitsschlüssel

Berichtigung	Begriff aus dem BDSG; unrichtige personenbezogene Daten sind zu berichtigen (§§ 14, 27 und 35)
Bestandsdaten	Daten, die periodisch fortgeschrieben werden, z.B. Materialbestandsdaten
betriebliche Einzelregelungen	Regelungen, meist in Form von Anweisungen, für die Realisierung von Datenschutz und Datensicherung
betriebliche Rahmenregelungen	Rahmenregelungen, herausgegeben von der Geschäftsführung, für die Realisierung von Datenschutz und Datensicherung
Betriebsart	Gesamtausdruck für die verschiedenen Formen des Teilhaber- und Teilnehmerbetriebs auf einer EDV-Anlage
Betriebssystem	Teil der Systemsoftware zur Steuerung des Gesamtablaufs einer EDV-Anlage, vom Hersteller der EDV-Anlage zur Verfügung gestellt
Bewegungsdaten	Daten, die als neue betriebsinterne oder -externe Geschäftsvorfälle in die EDV-Anlage eingegeben werden
Bildauswertung	noch im Entwicklungsstadium befindliches Verfahren für die Benutzeridentifikation bei Datenstationen

Bit	kleinste Speichereinheit bei einer EDV-Anlage
Buchführungspflicht nach AO	die Bücher und die sonst erforderlichen Aufzeichnungen können nach § 91 AO auch auf Datenträgern geführt werden, soweit diese Formen der Buchführung einschließlich des dabei angewandten Verfahrens den Grundsätzen ordnungsmäßiger Buchführung entsprechen
Buchführungspflicht nach HGB	die Handelsbücher und die sonst erforderlichen Aufzeichnungen können nach § 43 HGB auch auf Datenträgern geführt werden, soweit diese Formen der Buchführung einschließlich des dabei angewandten Verfahrens den Grundsätzen ordnungsmäßiger Buchführung entsprechen
Bundes-Datenschutzgesetz (BDSG)	Gesetz zum Schutz vor Mißbrauch personenbezogener Daten bei der Datenverarbeitung, im November 1976 verabschiedet; das Gesetz tritt am 1.1.1978 in Kraft

C

Checkpoint	engl. Prüfpunkt; rhythmische Programmunterbrechung, um die ordnungsmäßige Verarbeitung bis zu diesem Punkt festzustellen
Chiffrierung	Verschlüsselung aus Sicherheitsgründen bei der Datenfernübertragung

Closed-Shop-Betrieb	abgeschlossener Maschinenraum, zu dem nur bestimmte Personen mit Genehmigung Zutritt haben
Closed-Shop-Testbetrieb	Programmtests, die nicht durch die Programmierer selbst, sondern durch die Operateure des Rechenzentrums durchgeführt werden
Computerabbruch	Abbruch eines Programms auf der EDV-Anlage, durch Hardware- oder Softwarefehler verursacht
Computermißbrauch-Versicherung	besondere Form der Vertrauensschaden-Versicherung mit Abdeckung von Vermögensschäden, die durch Vertrauenspersonen des EDV-Anwenders verursacht wurden
COM	engl. Computer Output Microfilm; direkte Ausgabe von einer EDV-Anlage auf Mikrofilm

D

Datei im Sinne des BDSG	eine gleichartig aufgebaute Sammlung von Daten, die nach bestimmten Merkmalen erfaßt und geordnet und nach anderen Merkmalen untergeordnet und ausgewertet werden kann, ungeachtet der dabei angewendeten Verfahren
Dateiname	programmtechnische Kurzbezeichnung einer Datei

Daten	im Sinne dieser Arbeit Oberbegriff für Datenträger, Dateien und Datenbanken
Datenänderung	hier: Änderung gespeicherter Daten (siehe Zugriffskontrolle)
Datenbank	Ausdruck für die Speicherung unterschiedlicher, miteinander verknüpfter Daten verschiedener Art innerhalb einer bestimmten Systematik; im Sinne des BDSG eine Datei
Datenbanksystem	Speicherungsformen und Verarbeitungsmethoden bei Datenbanken einschließlich Datenbankzugriffs- und Datenbanksicherungssystem
Datenbankverwalter	besonderer Mitarbeiter des Rechenzentrums, der für die ordnungsgemäße Führung und Sicherung von Dateien und Datenbanken zuständig ist
Datenbestand	anderer Ausdruck für Datei
Dateneingabe	Eingabe von Daten in eine EDV-Anlage
Datenerfassung	meist als Begriff für die Übertragung von Daten in Datenträger verwendet
Datenerfassungsbeleg	Beleg mit entsprechender Organisation für die Übertragung von Daten in Datenträger

Datenfeld	Teil eines Datensatzes für die Aufnahme eines Begriffes, z.B. Name oder Anschrift
Datenfluß	siehe Arbeitsablauf
Datensatz	zusammenhängende Datengruppe für einen Geschäftsvorfall, z.B. die Daten eines Lohnbeleges, einer Materialentnahme, einer Bestellung u.a.
Datenschutz	Schutz personenbezogener (nach dem BDSG) und organisationsbezogener Daten vor Mißbrauch der Datenverarbeitung
Datenschutzbeauftragter	nach §§ 28 und 29 müssen alle Firmen ab 1.7.1977 einen eigenen Beauftragten für den Datenschutz stellen, sofern bei der automatischen Verarbeitung personenbezogener Daten mindestens 5 Leute ständig beschäftigt sind
Datenschutz- und Datensicherungsbeauftragter	Mitarbeiter, der sowohl für die Überwachung des Datenschutzes als auch der Datensicherung zuständig ist
Datenschutztabelle	Begriff aus der Zugriffskontrolle; Speicherung von Kennzeichen für den Datenschutz innerhalb einer Tabelle
Datensegment oder Datengruppe	Zusammenfassung mehrerer zusammengehörender Datenfelder zu einem Datensegment

Datensicherung	engl. security; Sicherung der Anlagen/Einrichtungen, Systeme und Daten gegen Katastrophen, Fehler und Mißbrauch
Datensicherungsbeauftragter	Mitarbeiter, der ausschließlich für die Überwachung der Datensicherung verantwortlich ist
Datenstation	engl. terminal; Gerät für die Direktein- und -ausgabe von Daten, meist Bildschirmgerät
Datenträger	Mittel, auf dem Daten gespeichert werden können: Lochkarte, Lochstreifen, direkt lesbarer Beleg, Magnetband, Magnetplatte u.a.
Datenträgerversicherung	Versicherung für die Beschädigung, Zerstörung und Entwendung externer Datenträger
Dechiffrierung	Entschlüsselung von Daten bei der Datenfernübertragung
DE-Geräte	Datenerfassungsgeräte; Geräte für die Erfassung von Daten auf Lochkarten, Lochstreifen, Magnetband u.a.
DFÜ-Einrichtungen	Einrichtungen der Datenfernübertragung, wie Datenstationen, Datensicherungsgeräte und Übertragungsleitungen
direkte Dateneingabe	Form der Dateineingabe, bei der die Daten direkt am Entstehungsort über Datenstationen in eine EDV-Anlage eingegeben werden

direkter Zugriff oder Direktzugriff	Zugriff zu einem Datensatz auf der Magnetplatte, ohne eine bestimmte Zugriffsfolge einhalten zu müssen
dispositive Datenträger	anderer Ausdruck für die Verwaltung verfügbarer Magnetbänder und Magnetplatten
Dokumentation	Unterlagen zur Sicherung eines umgestellten Arbeitsgebietes getrennt nach System- und Programmdokumentation
Drei-Generationen-Prinzip	Sicherungsverfahren bei der Magnetbandverwaltung, bei dem zusätzlich zur jüngsten Bestandsaufzeichnung die Dateien der beiden Vorperioden aus Sicherungsgründen aufgehoben werden
Druckband	Magnetband, von dem die Daten zum Schnelldrucker einer EDV-Anlage übertragen werden
Duplikatspeicher	Ausdruck für die Kopie von auf Magnetband oder Magnetplatten gespeicherter Daten
Duplizierung	hier: Kopieren von Dateien von einem auf einen anderen Datenträger

E

Echtzeitverarbeitung oder Realtime-Betrieb	Verarbeitungsform, bei der die anfallenden Daten sofort in der EDV-Anlage verarbeitet und ausgewertet werden

EDV-Ablauforganisation	Organisation, die sich auf die EDV-Arbeitsabläufe in der EDV-Abteilung und in den Fachabteilungen bezieht
EDV-Antrag	Antrag auf die Umstellung von Arbeitsgebieten auf die EDV oder für Programmänderungen
EDV-Auftrag	Auftrag für die Umstellung eines Arbeitsgebietes auf die EDV
EDV-Kontaktleute	Mitarbeiter in den Fachabteilungen, die für Kontakte mit der EDV-Abteilung zuständig sind
EDV-Personalorganisation	Organisation, die sich auf die Auswahl, Einstellung und Führung von EDV-Personal bezieht
EDV-Strukturorganisation	Organisation, die sich auf das hierarchische Über- und Untereinander der einzelnen Stellen in der EDV-Abteilung und der EDV-bezogenen Aktivitäten in den Fachabteilungen bezieht
EDV-Versicherungen	spezielle Versicherungen, im einzelnen Sachversicherung, Mehrkostenversicherung, Maschinen-Betriebsunterbrechungsversicherung, Datenträgerversicherung und Computermißbrauch-Versicherung
einfache Schutz-/ Sicherungsklasse	Einteilung der Daten: betriebsinterne Daten ohne vertraulichen Charakter

Eingabedatei	Datenbestand für die Eingabe in eine EDV-Anlage
Eingabekontrolle	Aktivität der Kontrolle/Abstimmung bei der Kontrolle von Eingabedaten
Eingabeprotokoll	Protokoll der EDV-Anlage über die Eingabe bestimmter Daten
elektromagnetische Abschirmung	Abschirmung des Rechenzentrums gegen elektromagnetische Störungs- und Mißbrauchseinflüsse
Endlosformular	zickzackgefaltetes Endlospapier für den Schnelldrucker einer EDV-Anlage
Entscheidungstabellentechnik	Verfahren zur Anwendung von Entscheidungstabellen; eine Entscheidungstabelle ist ein Gitternetz für die Aufnahme von Ja-/Nein-Bedingungen und Aktionen, bezogen auf einen Verarbeitungsschritt
Erfassungsbeleg	siehe Datenerfassungsbeleg

F

Fachabteilung	hier: Ausdruck für einen EDV-Benutzer; Gegensatz: EDV-Abteilung
Fehlerkorrekturverfahren	softwaremäßiges Verfahren zur Korrektur von Dateifehlern

Fehlerprotokoll	Protokollierung der vom Prüfprogramm festgestellten Fehler in den Eingabesätzen auf einer EDV-Anlage
Fehlerrisiko	Risiko bei der EDV-Anlage, das zu Fehlern bei der Eingabe, Verarbeitung, Speicherung und Ausgabe führt
Feldtabelle	Ausdruck der Zugriffskontrolle; mit Hilfe der Feldtabelle wird die Prüfung der Zugriffsberechtigung zu den einzelnen Datenfeldern eines Datensatzes sichergestellt
Fingerabdruck	Verfahren der Benutzeridentifikation mit Hilfe von Fingerabdrücken (noch im Experimentierstadium)
Frage-Antwort-Verfahren	Verfahren der Software-Sicherung bei der Benutzeridentifikation; das Verfahren wählt Fragen aus einer während der Autorisierung erstellten Liste aus, die der Benutzer beantworten muß
freie Daten	im Sinne des BDSG Daten, die unmittelbar aus allgemein zugänglichen Quellen entnommen sind; sie dürfen jedoch nur gespeichert und übermittelt werden, wenn dadurch nicht schutzwürdige Belange des Betroffenen beeinträchtigt werden

G

Generationsnummer	Kennzeichnung einer Datei im Hinblick auf ihre Bearbeitungsperiode
Generator	Programm der Systemsoftware zur Erzeugung von Anwendungsprogrammen, z.B. Entscheidungstabellengenerator
Grundsätze ordnungsmäßiger Speicherbuchführung	Richtlinien zu Fragen und Problemen der Speicherbuchführung einschließlich Datensicherung, Aufbewahrung und Sicherung der Datenträger sowie Dokumentation und Prüfbarkeit, herausgegeben vom Ausschuß für wirtschaftliche Verwaltung in Wirtschaft und öffentliche Hand e.V. (AWV)

H

Hardware-Sicherung	Verfahren der Datensicherung mit Hilfe von Hardware-Einrichtungen
HGB	Abkürzung für Handelsgesetzbuch
Hinzufügung eines Schlüssels	Verfahren der kryptographischen Chiffrierung, bei dem die Zeichen durch die Kombination mit einem variablen Schlüssel umgewandelt werden

hohe Schutz-/Sicherungsklasse	Einteilung der Daten: streng vertrauliche Daten und Geschäftsgeheimnisse

I

index-sequentieller Zugriff	Zugriffsart, bei der, über die Verschlüsselung in einer Indextabelle, direkt zu einem gespeicherten Datenbestand zugegriffen werden kann

J

Job-Rotation	Verfahren, bei dem einzelne Mitarbeiter in unvorherbestimmten Abständen auf einen anderen Arbeitsplatz versetzt werden

K

Kanal	Einrichtung für die Übertragung von Daten zwischen Zentraleinheit und peripheren Geräten
Kennsatzprüfung	softwaremäßige Prüfung mit Hilfe von Kennsätzen bei der Magnetband- und Magnetplattenspeicherung
Katastrophenrisiko	Risiko der Datenverarbeitung im Hinblick auf Feuer, Wasser, Sturm, Terrorakte usw.
Kennwortverfahren	Software-Sicherung bei der Benutzeridentifikation, wobei die Angabe eines vereinbarten Codewortes für die Benutzung

	einer Datenstation verlangt wird
Klimaanlage	Anlage für die Versorgung eines Rechenzentrums mit den entsprechenden Temperatur-, Feuchtigkeits- und Luftreinheitswerten
Kompatibilität	Ausdruck für die Verträglichkeit zwischen EDV-Anlagen
Konfiguration	Ausdruck für die Zusammenstellung einer EDV-Anlage im Hinblick auf Größenordnung (interner Hauptspeicher) und Ausstattung mit peripheren Geräten
Konsole	Einrichtung an der Zentraleinheit (Schreibmaschine oder Bildschirmgerät) zur Kommunikation zwischen EDV-Anlage (Betriebssystem) und Operator
Konsolprotokoll	Protokoll der Konsolschreibmaschine über die Nutzung einer EDV-Anlage sowie über die Kommunikation zwischen EDV-Anlage und Operator
Konstante	Ausdruck für ein Datum, das sich über längere Zeit hinweg nicht ändert
Kontrolle/Abstimmung	Stelle des Rechenzentrums, die für die Eingabe- und Ausgabekontrolle sowie für den

	Kontakt mit den Fachabteilungen zuständig ist
Kontrollpunktverfahren	Verfahren der programmierten Kontrolle; hierbei handelt es sich innerhalb eines Programms über Wiederanlaufpunkte, die den Zustand der Anlage und den Inhalt bestimmter Speicherbereiche in gewissen Abständen sowie bei Vorliegen bestimmter Störungsfälle sicherstellen und es dadurch gestatten, ein unterbrochenes Programm an dem der Fehlerstelle am nächsten zurückliegenden Fixpunkt zu starten; hierdurch ist eine Programmwiederholung von Anfang an nicht erforderlich
Kostenanalyse	hier: Verfahren zur Analyse, Beurteilung und Minimierung der Kosten für Datenschutz und Datensicherung
Kosten-/Nutzenanalyse	hier: Verfahren zur Analyse der Kosten und des Nutzens von Datenschutz und Datensicherung
Kosten der Auskunft	lt. BDSG (§§ 13, 26 und 34) hat der Auskunftssuchende die für die Auskunft direkt zurechenbaren Kosten zu erstatten, es sei denn, daß sich die Unrichtigkeit von Daten ergibt oder der Betroffene Korrektur oder Löschung unrichtiger Daten verlangen kann

kryptographische Codierung	softwaremäßige Sicherung der Daten bei der Datenfernübertragung durch Substitution, Transposition, arithmetische Manipulation oder Hinzufügung eines Schlüssels

L

Lesen	Begriff aus der Speichertechnik, wobei ein Datensatz oder ein Datenfeld ausgedruckt oder auf einem Bildschirmgerät sichtbar gemacht wird, ohne daß der betreffende Datensatz oder das betreffende Datenfeld verändert wird
lineare Programmierung	Programmierungsverfahren, bei dem die einzelnen Befehle hintereinander und nicht in Form von Schleifen (zyklische Programmierung) angeordnet werden
Listenverfahren	Software-Sicherung bei der Benutzeridentifikation mit einfacher Angabe von Namen und Vornamen
Löschen	Begriff aus der Speichertechnik, wobei ein Datensatz aus einer Datei entfernt wird
Löschung	nach BDSG (§§ 14, 27 und 35) sind unzulässig gespeicherte personenbezogene Daten zu löschen; ist die Speicherung personenbezogener Daten nicht mehr erforderlich, so sind diese

	Daten auf Antrag des Betroffenen ebenfalls zu löschen
Logbuch	Aufzeichnung aller Vorgänge (Programmlaufzeiten, Stillstand, Reparaturen usw.) bei der Benutzung einer EDV-Anlage

M

Magnetband	Kunststoffband für die verschlüsselte Aufnahme und maschinelle Verarbeitung von Daten in Form von Magnetpunkten
Magnetplatte	polierte Metallscheibe, auf deren beiden Flächen Daten in konzentrischen Spuren gespeichert werden
maschinell lesbarer Ausweis	Plastikausweis für den Zutritt zum Rechenzentrum oder für die Benutzung einer Datenstation, von einem Ausweisleser zu identifizieren
Maschinen-Betriebsunterbrechungsversicherung	Ersatz von Vermögensschäden für die Benutzung einer fremden Anlage bei Ausfall der eigenen Anlage
Maschinenprogramm oder echtes Programm	Programm in einer speziellen Sprache der betreffenden Maschine
maschinentechnische Verfahren	anderer Ausdruck für Hardware-Sicherungen

Maßnahmenkatalog	hier: Katalog aller Maßnahmen für den Datenschutz und die Datensicherung in einem Unternehmen
Mehrkostenversicherung	Ersatz der Mehrkosten für die Benutzung einer fremden Anlage bei Ausfall der eigenen Anlage, in begrenztem Umfang auch für Folgeschäden
Mißbrauchsrisiko	vorsätzliche, widerrechtliche Eingriffe von Mitarbeitern des eigenen Unternehmens oder betriebsfremden Personen in Programme und Datenbestände mit dem Ziel, Daten zu löschen, zu verfälschen, zu kopieren oder hinzuzufügen
mittlere Schutz-/Sicherungsklasse	Einteilung der Daten: vertrauliche Daten, die gegenüber Daten mit normaler Sicherung besonders geschützt und gesichert werden müssen
modularer Programmaufbau	Aufbau eines Programms, unterteilt in selbständige Unterprogramme; Vorteil: bessere Test- und Änderungsmöglichkeit

N

normierte Programmierung	Vereinheitlichung der Ablaufsteuerung eines Programms nach normierten Grundsätzen

O

objektbezogene Schutz-/ Sicherungsmaßnahmen	Maßnahmen des Datenschutzes und der Datensicherung, die sich auf ein bestimmtes Objekt (z.B. EDV-Anlage, Programm, Datenbestand) beziehen
organisationsbezogener Datenschutz	Schutz vor Mißbrauch der Datenverarbeitung, auf Organisation bezogen; Gegegensatz: personenbezogener Datenschutz
organisatorisch-administrative Verfahren	siehe Orgware-Sicherung
Orgware-Sicherung	organisatorisch-administrative Verfahren für den Datenschutz und die Datensicherung
Originalprogramm	Bezeichnung für ein freigegebenes Programm; Gegensatz: Testprogramm

P

periodisches Duplizieren	z.B. tägliches oder wöchentliches Duplizieren eines Datenbestandes auf einen anderen Datenträger
personenbezogener Datenschutz	engl. privacy; Schutz vor Mißbrauch der Datenverarbeitung, bezogen auf einzelne Personen (Schutz der Privatsphäre)
Plattenarchiv	Ort der Aufbewahrung für Magnetplatten

Plausibilität	hier: Prüfung eines Begriffes auf Plausibilität; z.B. Prüfung, ob eine eingegebene Artikelnummer plausibel ist, d.h. zu einer der vergebenen Artikelnummern gehört
Programm	Summe der Arbeitsschritte für die Durchführung einer Aufgabe auf einer EDV-Anlage
Programmänderung	Änderung eines bestehenden Programms
Programmbibliothek	auf Magnetband oder meist auf Magnetplatte gespeicherte Programme für die Nutzung einer EDV-Anlage
Programmdokumentation	Zusammenstellung und Aufbewahrung aller Unterlagen über ein Programm: z.B. Quellenprogramm, Maschinenprogramm, Umwandlungsliste, Programmablaufplan, Programmbeschreibung, Auflistung der Testdaten u.a.
Programmidentität	hier: Prüfung, ob ein bestimmtes Programm für einen bestimmten Benutzer ablaufen darf
programmierte Kontrollen	Kontrollen, die in den einzelnen Programmen eingebaut bzw. innerhalb eines besonderen Prüfprogramms zusammengefaßt sind, für die Prüfung eines Eingabesatzes
Programmkarten	in Lochkarten übertragenes Quellenprogramm

Programmname	programmtechnische Kurzbezeichnung für ein Programm
Programmnummer	siehe Programmname
Programmsicherung	besondere Maßnahmen für die Sicherung der benutzten Programme
Programmstrukturierung	siehe modularer Programmaufbau
programmtechnische Verfahren	siehe Software-Sicherung
Programmvorgabe	Zusammenstellung aller Unterlagen und Angaben für die Ausarbeitung eines Programms
Projektabwicklung	siehe Umstellung
Projektleiter	ein für eine Umstellung ernannter Teamleiter, dem alle Mitarbeiter, die an der Umstellung des betreffenden Projekts mitwirken, fachlich unterstellt sind
Projektstufe	Unterteilung einer Projektumstellung nach Problemanalyse, Systementwicklung, Detailorganisation, Programmierung und Systemeinführung
Projektteam	Mannschaft, meist aus EDV-Organisatoren, Programmierern und Mitarbeitern der Fachabteilungen bestehend, zur Umstellung eines Projekts

Prüfprogramm	Programm für die Überprüfung von Eingabesätzen mit Hilfe programmierter Kontrollen
Prüfziffernkontrolle	Kontrolle eines Schlüsseln (z.B. Kunden- oder Personalnummer) auf Richtigkeit anhand einer mathematisch berechneten Prüfziffer
Q	
Quellenprogramm	im Gegensatz zum Maschinenprogramm handelt es sich hier um ein in einer bestimmten Programmsprache dargestelltes Programm, meist in Lochkarten aufbewahrt
R	
Realtime-Betrieb	siehe Echtzeitverarbeitung
Rechenzentrum	Zusammenfassung aller Aktivitäten der EDV-Abwicklung, unterteilt nach Arbeitsvorbereitung, zentraler Datenerfassung, Maschinenraum und Kontrolle/Abstimmung
Rekonstruktion	hier: Wiederherstellung von zerstörten, beschädigten oder verlorengegangenen Daten
Risiko	hier: Gefahr von Katastrophen, Fehlern und Mißbräuchen bei der Datenverarbeitung
Risikoanalyse	hier: Analyse der EDV-Risiken, unterteilt nach Risikoarten,

	Risikoobjekten und Risikowirkungen
Risikoarten	EDV-Risiken, unterteilt nach Katastrophen; Fehler- und Mißbrauchsrisiko
Risikoklassen	Klassifizierung der Risikoobjekte im Hinblick auf einfache, mittlere und hohe Schutzsicherungsklassen
Risikoobjekte	Einteilung der schutz-/sicherungswürdigen Tatbestände, gegliedert in Anlagen/Einrichtungen, Systeme und Daten
Risikowirkungen	Auswirkungen der EDV-Risiken auf die Abläufe im Rechenzentrum, auf die Betriebsanläufe und auf die Unternehmensexistenz
RZ	siehe Rechenzentrum
RZ-Sicherheitsbereich	Bereich des Rechenzentrums, der besonderen Schutz-/Sicherungsmaßnahmen unterliegt (Maschinenräume, Archive und Versorgungsräume)

S

sachbezogene Programmänderung	Programmänderung, die aufgrund sachlicher Fehler oder sachbezogener Änderungen durchgeführt werden muß
Sachversicherung	Abdeckung von Schäden an EDV-, Klima- und Stromversorgungsan-

	lagen, die durch Zerstörung, Beschädigung oder Entwendung verursacht werden
Satzname	programmtechnische Kurzbezeichnung für einen Datensatz
Schreiben	anderer Ausdruck für Speichern
Schreibring	Plastikring bei der Magnetbandrolle, der, wenn er entfernt ist, unbefugtes Löschen eines Magnetbandes verhindern soll
Schreibverbot	hier: Speicherbereich, in den hinein nicht gespeichert werden darf
Schutz-/Sicherungsklasse	Klassifizierung der Daten im Hinblick auf einfache, mittlere und hohe Sicherung
Schutz-/Sicherungsmaßnahmen	organisatorische, programmtechnische und maschinenmäßige Maßnahmen für den Datenschutz und die Datensicherung
Schutz-/Sicherungssystem	geordnete Zusammenfassung aller Schutz-/Sicherungsmaßnahmen zu einem einheitlichen System
scrambler	deutsch: Zerhacker; hardwaremäßige Sicherung der Daten bei der Datenfernübertragung
security terminal	deutsch: Sicherheits-Datenstation; Bildschirmgerät für die Überprüfung besonders schutzwürdiger Eingabedaten

sequentieller Zugriff	Zugriff zu einem Datenbestand in der Reihenfolge der gespeicherten Datensätze
Sicherheitscode	Kennwort, das die unbefugte Benutzung einer Datenstation und den unbefugten Zugriff zu einem Datenbestand verhindern soll
Sicherheitsindex	Ergebnis der Berechnung aus Risikofaktor multipliziert mit der relativen Wirksamkeit einer bestimmten Schutz-/Sicherungsmaßnahme und dividiert durch die relativen Kosten
Sicherungsprogramm	Programm, das ausschließlich der Datensicherung dient
Software-Sicherung	Sicherung von Datenbeständen mit Hilfe eines bestimmten Programms
Speicherbuchführung	Führung der Handelsbücher, Bücher und der sonst erforderlichen Aufzeichnungen mit Hilfe der Speichertechnik der elektronischen Datenverarbeitung
Speichern	Begriff aus dem BDSG; Speicherung personenbezogener Daten im Rahmen der Zweckbestimmung eines Vertragsverhältnisses oder vertragsähnlichen Vertrauensverhältnisses, wenn dadurch nicht schutzwürdige Belange des Betroffenen beeinträchtigt werden
Speichern	hier: Übertragung von Daten auf einen Datenträger, wodurch die

	bisher gespeicherten Daten gelöscht und durch die neuen Daten ersetzt werden; siehe auch Schreiben
Speichertabelle	in Tabellenform gespeicherte Daten
Speicherungsform	Organisation der gespeicherten Daten, unterschieden nach sequentieller, index-sequentieller und gestreuter Speicherung
Sperrung	Begriff aus dem BDSG; personenbezogene Daten sind zu sperren, wenn die Speicherung dieser Daten nicht mehr erforderlich ist
Stammdaten	Daten, die nicht ständig verändert werden
Standardprogramm	Ausdruck für ein einheitliches Programm, das auch von anderen Anwendern benutzt werden kann
Stapel-Anwenderbetrieb	siehe Teilhaberbetrieb
Stellenbeschreibung	Hilfsmittel für die Beschreibung einer Stelle nach Art und Aufgaben sowie Befugnissen des Stelleninhabers
Steueranweisung	Anweisung an den Operator für die Steuerung einer EDV-Anlage
Stimmprofil	noch im Entwicklungsstadium befindliches Verfahren der Benutzeridentifikation mit Hilfe von Stimmen

Störungsmeldung	Hilfsmittel für die Dokumentation und Meldung von Maschinenstörungen
Störungsschlüssel	Kennzeichen für die Art einer Maschinenstörung, z.B. Ausfall der gesamten Anlage, Ausfall bestimmter Einheiten
Stromversorgungsanlage	Einrichtung für eine normale oder unterbrechungsfreie Stromversorgung einer EDV-Anlage
Substitution	Verfahren der kryptographischen Chiffrierung, bei der einzelne Zeichen oder Zeichengruppen nach einer Verschlüsselungstabelle gegen andere ausgetauscht werden
System	hier: Bezeichnung für Arbeitsabläufe und Programme
Systemdatei	Datei für die Aufnahme von Systemsoftware-Komponenten
Systemdokumentation	Dokumentation, die sich nicht auf ein einzelnes Programm, sondern auf einen ganzen Arbeitsablauf bezieht; Gegensatz: Programmdokumentation
Systemduplikat	Duplikat einer Systemdatei
Systemprogrammierer	im Gegensatz zum Anwendungsprogrammierer ein EDV-Mitarbeiter, der sich ausschließlich mit Systemsoftware beschäftigt

Systemprotokoll	Protokoll, meist mit Hilfe des Schnelldruckers gewonnen, das Kontrolldaten über den sachbezogenen Ablauf eines Programmkomplexes enthält; Gegensatz: Maschinenprotokoll
Systemsoftware	im Gegensatz zur Anwendungssoftware Steuerungs- und Hilfsprogramme, die sich nicht auf bestimmte Anwendungen beziehen

T

Teilhaberbetrieb	Betriebsart bei der EDV-Anlage; beim Teilhaberbetrieb werden die Programme einzeln und nacheinander abgearbeitet
Teilduplexanlage	EDV-Anlage, bei der ein Teil der Systemkomponenten, z.B. die Zentraleinheit, doppelt vorhanden ist, damit im Falle einer Betriebsstörung teilweise weitergearbeitet werden kann
Teilnehmerbetrieb	Betriebsart bei einer EDV-Anlage; der Teilnehmerbetrieb ist dadurch gekennzeichnet, daß mehrere Jobs oder Programme quasi oder echt simultan ablaufen können
Terminal	englischer Ausdruck für Datenstation
Testdaten	Daten für das Überprüfen von Programmen
Testergebnisse	Ergebnisse eines Programmtests

Testprogramm	Programm, das noch überprüft wird und noch nicht für die Praxisarbeit freigegeben ist
Transposition	Verfahren der kryptographischen Chiffrierung, bei der die Zeichenfolge einer Nachricht systematisch verändert wird

U

Übergabeprotokoll	schriftliches Protokoll, das die ordnungsgemäße Übergabe eines Programms oder Programmkomplexes an das Rechenzentrum bestätigt
Übermitteln	Begriff aus dem BDSG; personenbezogene Daten dürfen im Rahmen der Zweckbestimmung eines Vertragsverhältnisses oder vertragsähnlichen Vertrauensverhältnisses übermittelt werden, wenn dadurch nicht schutzwürdige Belange des Betroffenen beeinträchtigt werden
Überwachungstechnik	hier: Verfahren zur Überwachung von Datenschutz und Datensicherung
Umstellung	hier: Umstellung eines Arbeitsgebietes vom manuellen auf ein maschinelles Verfahren
Unterprogramm	selbständiger Teil eines Programms

V

Variable	Angabe, die sich üblicherweise bei jedem Programmlauf ändert

Verändern	Begriff aus dem BDSG; personenbezogene Daten dürfen im Rahmen der Zweckbestimmung eines Vertragsverhältnisses oder vertragsähnlichen Vertrauensverhältnisses verändert werden, wenn dadurch nicht schutzwürdige Belange des Betroffenen beeinträchtigt werden
Verarbeitungsmethode	Verarbeitungsmethode bei der Speicherorganisation, unterschieden nach starr fortlaufender, logisch fortlaufender und wahlfreier Verarbeitung
Verfahrenstechniken	hier: Unterscheidung nach Orgware-, Software- und Hardware-Sicherungen
Verschlüsselung	Sicherung der Daten bei der Datenfernübertragung oder Speicherung durch hardwaremäßige oder softwaremäßige Verschlüsselung der Daten
Versionsnummer	Kennzeichnung einer Programmversion, dem Programmnamen angehängt, damit die einzelnen Programme im Hinblick auf ihren Änderungszustand unterschieden werden können
Versorgungsräume	hier: Standort der Stromversorgungs- und Klimaanlagen
virtuelle Speichertechnik	Simulation theoretisch beliebig großer Arbeitsspeicher, virtuelle Speicher genannt, um eine gleichzeitige Abwicklung mehrerer Programme beim timesharing zu ermöglichen

Vollduplexanlage	EDV-Anlage in doppelter Ausführung, um bei Störungen ohne Einschränkung weiter arbeiten zu können
Voruntersuchung	Untersuchung eines Arbeitsgebietes, um die Möglichkeit und die Kosten einer Umstellung auf die EDV zu analysieren

Z

Zentraleinheit	engl. CPU; Zusammenfassung von Steuereinheit, Recheneinheit und internem Arbeitsspeicher
Zerhacker	siehe scrambler
Zielkorrektur	Verfahren der Korrektur von Daten, bei der die Daten so oft eingegeben, geprüft und korrigiert werden, bis der letzte Datensatz richtig ist
Zugangssicherung	Sicherung des Rechenzentrums gegen unbefugten Zutritt
Zugriffsart	Bezeichnung des Zugriffs zu einem Datenbestand, unterteilt nach Lesen, Ändern, Löschen und Speichern
Zugriffsberechtigung	siehe Zugriffskontrolle
Zugriffsberechtigungsprofil	Kennzeichnung der Benutzer, die zu einem Zugriff auf einen bestimmten Datenbestand berechtigt sind

Zugriffskontrolle	Verfahren, bei dem geprüft wird, welcher Benutzer zu welchem Datenbestand mit welcher Zugriffsart zugreifen darf
Zugriffssicherung	siehe Zugriffskontrolle
zyklische Fehlerkorrektur	Verfahren der Fehlerkorrektur, bei dem falsche oder fehlerhafte Daten erst in der nächsten Verarbeitungsperiode wieder eingegeben werden

Sachregister

D

E

F

G

H

I

K

L

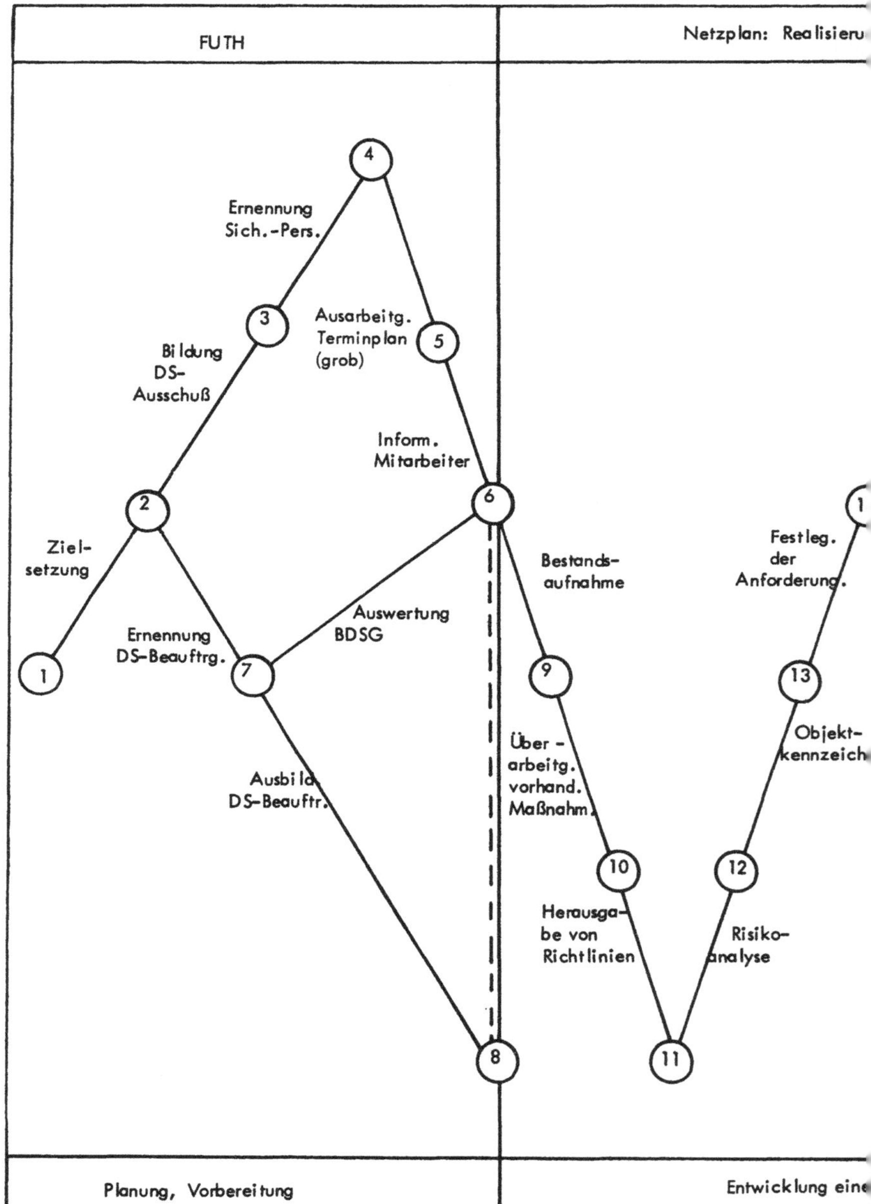
FUTH
Netzplan: Realisieru
Ernennung Sich.-Pers.
Bildung DS-Ausschuß
Ausarbeitg. Terminplan (grob)
Inform. Mitarbeiter
Ziel-setzung
Ernennung DS-Beauftrg.
Auswertung BDSG
Ausbild. DS-Beauftr.
Bestands-aufnahme
Über-arbeitg. vorhand. Maßnahm.
Herausgabe von Richtlinien
Risiko-analyse
Objekt-kennzeich
Festleg. der Anforderung.
1
2
3
4
5
6
7
8
9
10
11
12
13
Planung, Vorbereitung
Entwicklung eine

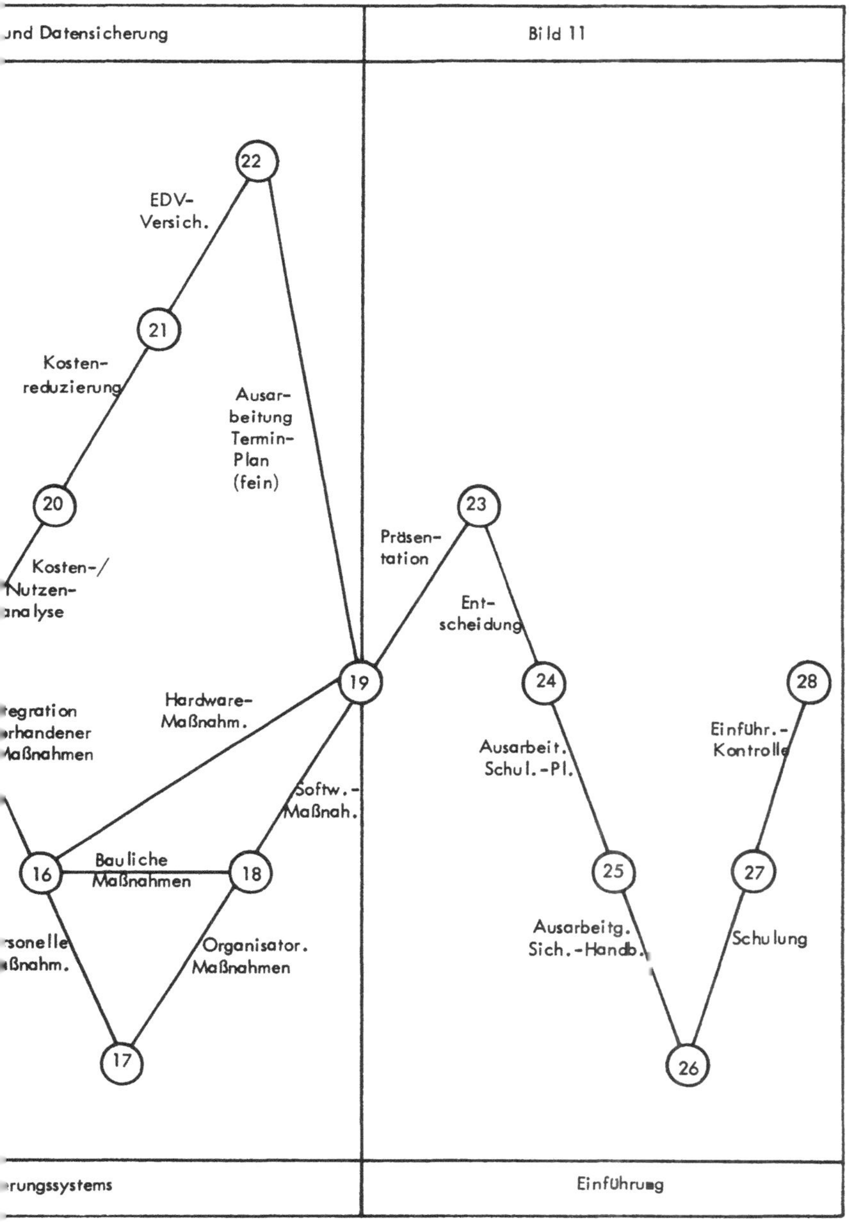
und Datensicherung
Bild 11
22
EDV-Versich.
21
Kosten-reduzierung
Ausar-beitung Termin-Plan (fein)
20
Kosten-/Nutzen-analyse
23
Präsen-tation
Ent-scheidung
19
Hardware-Maßnahm.
egration
rhandener
Maßnahmen
24
28
Ausarbeit. Schul.-Pl.
Einführ.-Kontrolle
Softw.-Maßnah.
16
Bauliche Maßnahmen
18
25
27
sonelle
ßnahm.
Organisator. Maßnahmen
Ausarbeitg. Sich.-Handb.
Schulung
17
26
rungssystems
Einführung

Bei Fragen zur Produktsicherheit wenden Sie sich bitte an:
If you have any questions regarding product safety, please contact:

Walter de Gruyter GmbH
Genthiner Straße 13
10785 Berlin
productsafety@degruyterbrill.com